美しいバラの折り紙
Beautiful Origami Rose

佐藤直幹
Naomiki Sato

日本ヴォーグ社

Contents　　　　　　　　Beautiful Origami Rose

正方形から作るバラ　　　　　　　　　　　　　難易度　　Page.

a. Square simple rose / Rose simple carrée
　四角のシンプルローズ………………………… ★★⯪　〈 04 / 24 〉

b. Square rose / Rose carrée
　四角バラ……………………………………… ★★★⯪　〈 06 / 31 〉
　　四角バラのガク……………………………… ★★★　〈 37 〉

c. Square rose bud / Bouton de rose carrée
　四角のつぼみ………………………………… ★★　〈 07 / 40 〉
　　四角のつぼみのガク………………………… ★★★　〈 44 〉

正五角形から作るバラ

d. Rose bud / Bouton de rose
　バラのつぼみ………………………………… ★★⯪　〈 08 / 47 〉

e. Blooming rose / Rose qui s'épanouit
　咲きかけのバラ……………………………… ★★★⯪　〈 09 / 50 〉
　　つぼみのガク………………………………… ★★★　〈 53 〉

f. Pointed petaled rose / Rose aux pétales pointus
　剣弁高芯咲きのバラ………………………… ★★★★⯪　〈 10 / 57 〉
　　短いガク……………………………………… ★★★　〈 66 〉
　　トゲ…………………………………………… ★★　〈 68 〉
　　細い葉………………………………………… ★★　〈 82 〉

g. Old rose "Rosette" / Rose ancienne "Rosette"
　ロゼット咲きのオールドローズ…………… ★★★★★　〈 11 / 71 〉

〈難易度について〉

★ は難易度の目安です。★ の数が多いほど難しくなります。
特にバラは ★ の数が少ないものから順にステップアップしていくことをおすすめします。
折り始める前に p.70 の「きれいに折るためのコツ」にも目を通してみてください。

日本の花

h. Balloon flower / Campanule
- 桜梗 ★★ ⟨12 / 86⟩
  - 桜梗のつぼみ ★★ ⟨88⟩
  - 桜梗のガク ★ ⟨90⟩

i. Cherry blossom / Fleur de cerisier
- 桜 ⟨13⟩
  - 桜の花弁 ★★ ⟨91⟩
  - 桜の花芯 ★★★ ⟨94⟩

南国の花

j. Plumeria / Frangipanier
- プルメリア ★✦ ⟨14 / 96⟩

k. Bougainvillea / Bougainvillier
- ブーゲンビリア ★✦ ⟨15 / 99⟩
  - ブーゲンビリアの葉 ★ ⟨102⟩

- 折り紙の花の楽しみ方 ⟨16⟩
- この本で使う材料と道具 ⟨20⟩
- 折り方の記号の見方 ⟨21⟩
- よく使う折り方 ⟨22⟩
- きれいに折るためのコツ・花とパーツの組み合わせ一覧表 ⟨70⟩
- バラの組み立て方 ⟨85⟩

- 正五角形の切り出し方 ⟨46⟩
- 正三角形の切り出し方 ⟨98⟩

特典DVD（巻末綴込）
「よくわかるバラの折り方のポイント」

この本に関するご質問は、お電話またはWebで

書名　　　美しいバラの折り紙
本のコード　NV70458
担当　　　有馬・長瀬
TEL 03-3383-0637（平日13:00～17:00受付）
Webサイト「日本ヴォーグ社の本」http://book.nihonvogue.co.jp/
＊サイト内"お問い合わせ"からお入りください。（終日受付）
　（注）Webでのお問い合わせはパソコン専用になります。

＊本誌に掲載の作品を、複製して販売（店頭、ネットオークション等）
　することは禁止されています。手作りを楽しむためにのみご利用
　ください。

正方形から作るバラ

– Roses from a square
  sheet of paper
– Roses à partir de la
  feuille carrée

Square simple rose / Rose simple carrée
四角のシンプルローズ　作り方 ‹ p.24

先に五角形で創作した折り方を、四角形に応用したものです。小さい紙だと成形しにくいので、慣れるまでは20cm角以上の紙で折るのがおすすめです。

正方形から作るバラ

- Roses from a square sheet of paper
- Roses à partir de la feuille carrée

Square rose / Rose carrée

四角バラ　作り方 < p.31（四角バラ）、p.37（四角バラのガク）

「四角のシンプルローズ」に中割り折りを追加し、ボリュームのあるバラにしました。「短いガク」（p.66）を四角に応用してガクもつけました。

Square rose bud / Bouton de rose carrée
四角のつぼみ　　作り方 < p.40（四角のつぼみ）、p.44（四角のつぼみのガク）

五角の「バラのつぼみ」を応用したもので、折り線の基準がすっきりしていて気に入っている作品です。つぼみ用のガクはガク片が長いのが特徴です。

正五角形から作るバラ

– Pentagon roses
– Roses pentagonales

 Rose bud / Bouton de rose
バラのつぼみ　作り方 ‹ p.47

花びらが広がり始める瞬間のバラを表現しました。写実的に仕上げる場合は「つぼみのガク」（p.53）と組み合わせることができます。

 Blooming rose / Rose qui s'épanouit
咲きかけのバラ　作り方 ‹ p.50

左ページの「バラのつぼみ」と途中まで同じ折り方ですが、大きな花びらを折り返すことで、よりゴージャスになりました。

正五角形から作るバラ

– Pentagon roses
– Roses pentagonales

 Pointed petaled rose / Rose aux pétales pointus
剣弁高芯咲きのバラ　作り方 < p.57（剣弁高芯咲きのバラ）、p.66（短いガク）、p.68（トゲ）、p.82（細い葉）
私の作品の中で一番派手なバラだと思います。大きめの紙で作って大輪の花を咲かせてください。新しく「トゲ」と「細い葉」も創作しました。

 Old rose "Rosette" / Rose ancienne "Rosette"
ロゼット咲きのオールドローズ　作り方‹ p.71（ロゼット咲きのオールドローズ）、p.66（短いガク）、p.82（細い葉）
花弁が内向きにカールしたオールドローズは、友人宅の庭に咲いていたバラがきっかけで生まれました。「短いガク」は他のバラにも使えます。

日本の花

– Japanese flowers
– Fleurs japonaises

Balloon flower / Campanule

桔梗　作り方 < p.86（桔梗）、p.88（桔梗のつぼみ）、p.90（桔梗のガク）、p.82（細い葉）

桔梗の花は紙の表側が花の両面に出て、紙の裏側が中心部だけに出ます。自然な花の丸みが表現できました。つぼみの立体感もポイントです。

Cherry blossom / *Fleur de cerisier*

桜　作り方 ‹ p.91（桜の花弁）、p.94（桜の花芯）

「散る」桜を考えて創作しましたが、しっかり組むとなかなか散りません。花芯はバラのガクの応用ですが、沈め折りが浅いので比較的簡単です。

南国の花

– Exotic flowers
– Fleurs exotiques

Plumeria / Frangipanier

プルメリア　作り方 < p.96

中米原産の香りの強い花です。カールした花びらを単純な構造で表現できたと思っています。白い紙の中心部にエアブラシで黄色く彩色しています。

Bougainvillea / *Bougainvillier*

ブーゲンビリア　作り方 ‹ p.99（ブーゲンビリア）、p.102（ブーゲンビリアの葉）

カンボジアでは「紙の花」と呼ばれています。このために創作した丸っこい葉っぱは、少しカールをかけた方が本物らしくなると思います。

折り紙の
花の楽しみ方

- How to enjoy origami flowers
- *Comment apprécier les fleurs d'origami*

四角バラ・咲きかけのバラ・ロゼット咲きのオールドローズ

白い和紙をコーヒーで染めました。コーヒーの濃さや浸す時間によって
染め具合に変化を出しています。香りも楽しめる、ナチュラルなテーブルセッティングに。

バラのつぼみ・つぼみのガク

バラのつぼみを和紙で折りました。花弁をやわらかく広げ、ガクをつけるだけで
茎をつけなくても写実的になり、p.08とはずいぶん印象が変わります。

プルメリア（イヤリング）・四角のシンプルローズ（リング）

タントで小さく折ったプルメリアと和紙で折ったシンプルローズを、
それぞれグルーガンで金具に接着しました。プルメリアの中心にはキラリと光るアクセントをつけて。

桜

桜の柄の赤い和紙で折った花弁を、黒の花芯で引き締め、モダンなしつらいに。
写実的な花にこだわらず、いろいろな色や柄で折ってみると、新たな発見があります。

四角のシンプルローズ・四角バラ・バラのつぼみ・ロゼット咲きのオールドローズ

ムラ染めの和紙を使い、やわらかい雰囲気に。
いろいろな種類のバラをさまざまな大きさで折って組み合わせると、華やかな場にも似合います。

この本で使う材料と道具

● **材 料**　花などのパーツは、すべて紙を折って作ります。バラの折り方をマスターするまでは25～35cm角くらいの大きめの折り紙用紙で練習し、慣れてきたら両面同色のファンシーペーパーや和紙などを使うといいでしょう。茎や葉をつける場合はフラワーアレンジ用のワイヤーやテープを使います。

● 紙の専門店や画材店などで購入でき、必要な大きさに切り出して使う。重い紙ほど厚い傾向があるので、紙の重さを表す坪量（単位＝g/㎡）と連量（単位＝kg）が紙の厚みを知る目安になる。四六判連量70kg＝坪量81.4g/㎡。

a タント…色数が豊富で手に入りやすい。厚さも各種あるが四六判連量70kg程度が折りやすい。
b ヴィヴァルディ…フランス、キャンソン社製。発色が良く、適度な厚みとしなやかさが、バラ作りに適している。坪量120g/㎡。
c クラッポマーブル…マーブル調の模様が入った紙。市販されているのはA4サイズなので21cm角以下で折る場合に使える。坪量85.2g/㎡。
d 折り紙用紙…表裏のある折り紙用紙は練習用にぴったり。両面折り紙はコシがあって使いやすい。
e 和紙…植物の繊維を主原料とする手すきの紙。薄くて丈夫であり、独特の味わいがある。

● ワイヤー＆フローラルテープは手芸店や花材専門店などで購入できる。

f 地巻ワイヤー…薄い紙テープが巻かれているワイヤー。さまざまな太さがあり、数字が大きいほど細くなる。茎用は#18以下の太いもの、葉は#22くらいをメインに、3枚葉などで横につける葉は#26くらいを使用する。
g フローラルテープ…巻きの内側にのりがついていて、引っぱりながら巻いて接着する。

● **道 具**　正方形以外の紙から作る作品を折るには、紙を切り出すためのカッターとカッターマット、定規が必須です。このほか、きれいに仕上げるための道具や、茎や葉と組み立てるための道具があると、本物のような花が作れます。

h カッターマット…作業をする際に下に敷く。方眼つきのものがおすすめ。
i 定規…ステンレスエッジやアルミ製など、「切る」ための機能が充実したものが便利。
j カッター…一般的な45度よりも鋭い30度の刃を使うと正確に切り出すことができる。
k ピンセット…小さいものや細いものをはさむときにあると便利。
l へら…硬めの紙や、紙が重なって厚くなった部分を折るときにあると便利。
m 丸箸…持ち手側が丸く、先が細くなっている箸。花びらをきれいに成形するのに使う。
n 竹串…花弁をカールさせるときにあると便利。
o 目打ち…ワイヤーを通すための穴をあけるときに使う。
p ペンチ…ワイヤーを曲げるときに使う。
q ニッパー…ワイヤーを切るときに使う。
r 紙用のり…ペーパークラフト向きの接着剤。折ったパーツをのりづけするときに使う。
s グルーガン…作った作品を雑貨などにアレンジする際、紙以外のパーツとの接着に便利。

● 折り方の記号の見方　＊紙の表を色、裏を白で表現しています。

———————	折り終えた線
− − − − − − −	谷折り線
− · − · − · −	山折り線
··············	これから折る線、隠れている線

- 手前へ折る
- 後ろへ折る
- 折り目をつける
- 折り目をつけずにめくる、広げる
- ▼ 押し込む、つぶす
- 開く
- 裏返す（たてに裏返す）
- 回転させる
- 図を拡大する
- 図を縮小する
- 平行であることを示す

- 辺を二等分して折る
- 角を二等分して折る
- 印を合わせて折る
- 二点を結ぶ線で折る
- 間に差し込む
- 開いて平らに折る
- かぶせ折り
- 中割り折り
- 二重中割り折り

● よく使う折り方

風船の基本形（正方形）

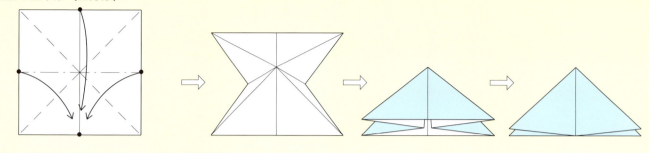

風船の基本形（正五角形）＊上記の五角形版

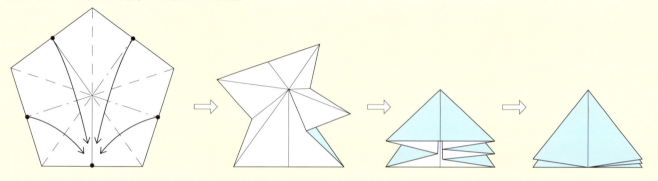

正方基本形（正方形）＊花の基本形とも言う

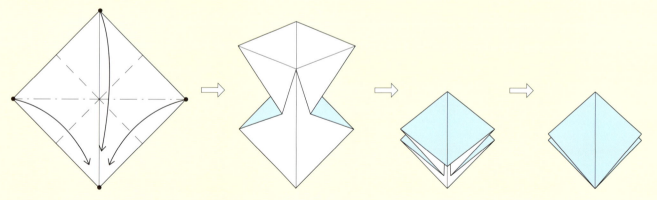

花の基本形（正五角形）＊上記の五角形版

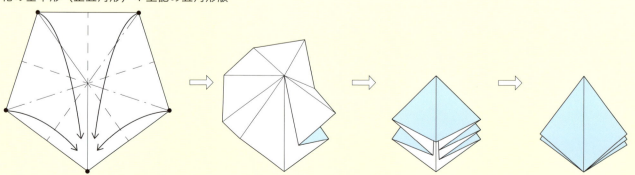

鶴の基本形（正方基本形から）

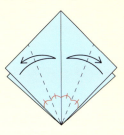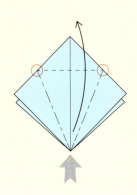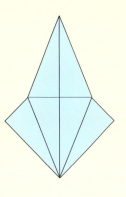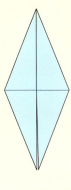

かえるの基本形（正方基本形から）

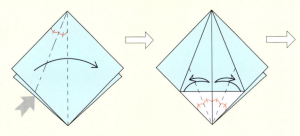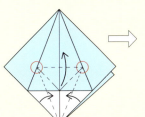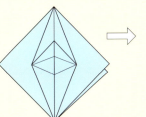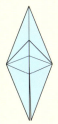

沈め折り（正方形・ひだ8枚の場合を例に）

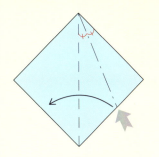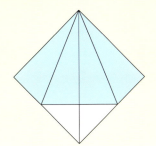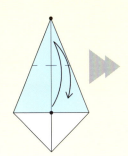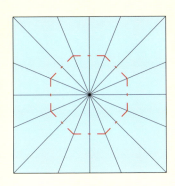

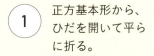

① 正方基本形から、ひだを開いて平らに折る。

② 他のひだも同様に折る。

③ ひだが左右同数になるようにして、沈め折りのための折り線をつける。

④ すべて開き、3で折った部分をつまむようにしてすべて山折りにする。

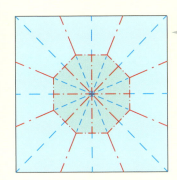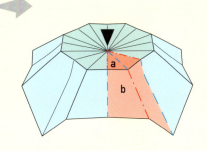

⑤ 沈め折りで沈ませる中心部分は山折りと谷折りを逆に折り直す。

⑥ 中心部をへこませながらaをbではさみ込むようにひだを折りたたむ。

⑦ 一つのひだが折れたら隣のひだも順に同様に折っていく。

⑧ 沈め折りのでき上がり。

■ 四角のシンプルローズ
Square simple rose / Rose simple carrée ‹ p.04-05

- p.04-05の作品に使用した紙のサイズ：17.5cm×17.5cmの正方形
- p.04-05の作品に使用した紙：タント
- 折り方のポイント：**1-36**で折り目を仕込み、仕込んだ折り目を使って**37-60**で花の形に成形する。

＊ガクをつける場合は、10.5cm×10.5cmの正方形で四角バラのガク（p.37）を折って使う。（花：ガク＝5：3）

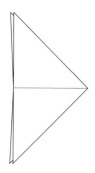

① 裏を外側にして風船の基本形（p.22）に折り、図の向きに置く。

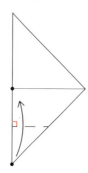

② ひだを1枚めくり、下の頂点を中心線に合わせて平行に折り線をつける。

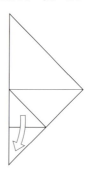

③ 2で折った部分を戻す。

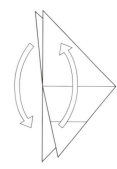

④ 上下のひだを1枚ずつ反対側へめくる。

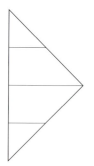

⑤ 2〜4をくり返してすべてのひだを同様に折る。

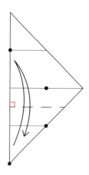

⑥ ひだを1枚めくり、さらに図のように折り線をつけて戻す。

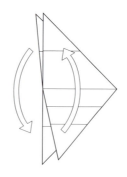

⑦ 上下のひだを1枚ずつ反対側へめくる。

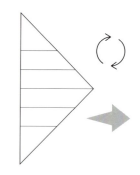

⑧ 6〜7をくり返してすべてのひだを同様に折る。

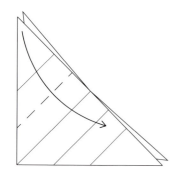

⑨ 向きを変えて置く。6の折り線でひだ1枚だけ折る。

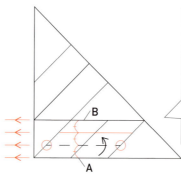

⑩ Aの線がBの線と平行になるように、A-B間の下から1/3の位置で折り、指定の範囲にだけ折り線をつける。

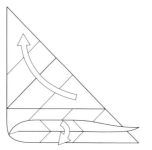

⑪ 9〜10で折った部分を元に戻す。

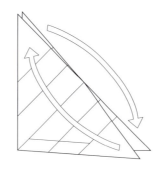

⑫ ひだを上下1枚ずつ反対側にめくる。

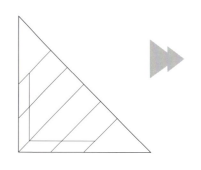

⑬ 9〜12をくり返してすべてのひだに折り線をつける。

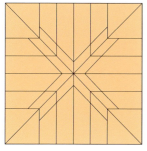

⑭ 表を上にして全体を広げる。

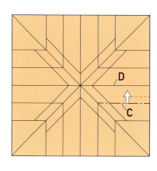

⑮ 図のようにCの線をつまんで少しDの線の方に寄せ、C-D間の下から1/3の位置に折り線をつけて目印にする。

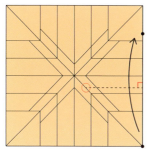

⑯ 15でつけた目印で、紙端から垂直に指定の範囲にしっかりと折り線をつける。

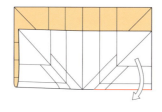

⑰ 16で折った部分を元に戻す。
POINT この折り線を「らせんの線」と呼ぶ。

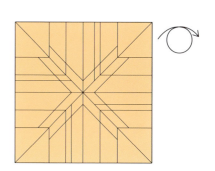

⑱ 他3か所も同様にし、裏返す。

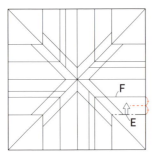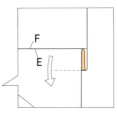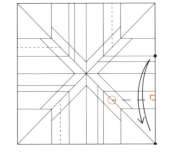

(19) 図のようにEの線をつまんでFの線と重なるように寄せ、E-F間の1/2の位置に折り線をつけて目印にする。

(20) 19でつけた目印で、紙端から垂直に折り線をつける。他3か所も同様にする。

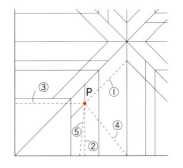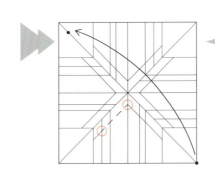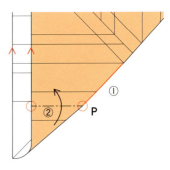

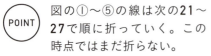

POINT 図の①〜⑤の線は次の21〜27で順に折っていく。この時点ではまだ折らない。

(21) まず①の線で谷折りして紙を折り上げる。このとき、右下の頂点が左上の対角線上にくる。

(22) 紙の端同士が平行に並ぶ。以後、これがずれないように注意する。次に②の線で山折りしながら、②の線と①の線との交点（P）を確認する。

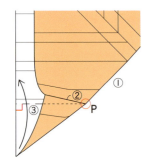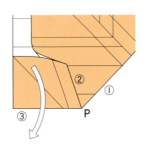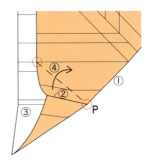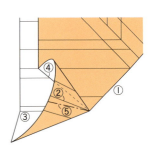

(23) Pから左の辺（紙端）に向かって垂直に折る（③）。

(24) ①〜③の線で折ったところ。②③の線を一度開く。

(25) ①の線で折ったまま、④の線で谷折りする。

(26) ①→④→③の順に折り、平らにつぶすと、成り行きで②の線が⑤の線に自然にずれる。

Square simple rose / Rose simple carrée

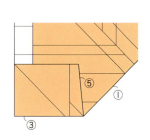

㉗ ①③④⑤の線で平らに折ったところ。

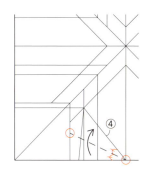

㉘ 全体を一度開く。紙の端と④の線を合わせて、指定の範囲に折り目をつける。

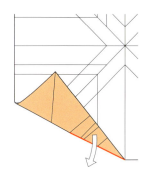

㉙ 28で折った部分を戻す。

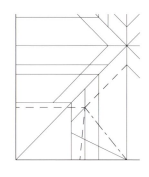

㉚ もう一度27の状態に折る。

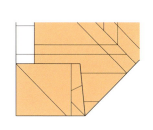

㉛ 27の状態に折ったところ。上下逆向きに置き直す。

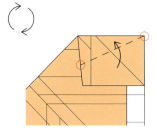

㉜ 28でつけた基準線と右上の角とを結ぶ線で、上の1枚だけを谷折りする。紙が破れないよう、角側は少し遊びを残してもOK。

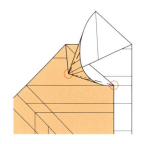

㉝ 32を折ると、下側が自然と28で折った折り線で折れるので、開いて平らにつぶす。

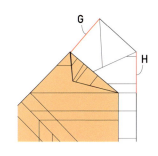

㉞ 折ったところ。全体を一度開き、他の角も21〜33と同様にする。この部分が後に花弁になる。
＊G・Hは45・47〜48で参照。

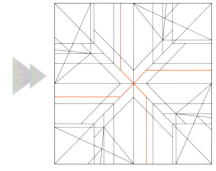

㉟ 裏を上にして全体を一度開く。
POINT 赤線は「らせんの線」。

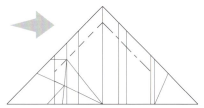

㊱ 裏を外側にして風船の基本形（p.22）に折る。ここでもう一度山折り・谷折りで折る。

㊲ ピラミッド状に立て、それぞれのひだを36の折り線で折りながら中心をひねるようにして全体を広げる。

38 平らになるまで開く。ただし角部分は端まで折らないように注意。中心はつぶさない。

39 表に返す。紙が重なった部分を開くように左右に引く。

40 このとき、左の人さし指を伸ばすようにして添えると、自然と21〜27の③の折り線で紙が折れる。

41 角を34の状態に折る。
＊次の角を折るときに広がってしまってもOK。

42 他の角3か所も39〜41と同様に折る。

43 16〜17の「らせんの線」で裏から見て山折りになるように折る。

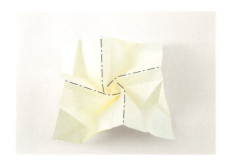

44 4か所を折ったところ。

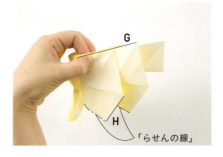

45 34のGの線の位置を右隣の花弁とそろえながら、左回りにタービンのように筒状にまとめる。

46-1 筒状にまとめたところ。

Square simple rose / Rose simple carrée

46-2 46-1を上から見たところ。

46-3 46-1を横から見たところ。

46-4 46-1を置いたところ。

46-5 46-1を置いて下から見たところ。

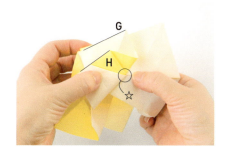
47 下部を上に折り上げていく。最初の1枚は成り行きで上がるところまで折り上げる（☆部分が破れないよう注意）。

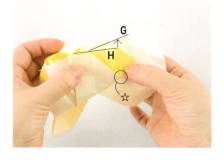
48 2枚めからはGの線にHの線を重ね合わせるように折り上げていく（☆部分が破れないよう注意）。

49 左回りに48をくり返し、4枚めを折る際は1枚めを折った部分を一度開いて1枚めも他と同様に折り直す。4か所折り上げたところ。

50 上下逆向きに持ち直す。底の山型になっている部分を内側に折り込む。

51 折ったところ。他3か所も左回りに同様に折る。

52 4か所を内側に折り込んだところ。

Square simple rose / Rose simple carrée

53 再び上に向けて持ち直し、花弁の内側に丸箸を入れ、折り山に沿わせて右回りに回しながら少しずつ中心を広げる。

54 中心が広がったら、箸の太い方をそっと中心に刺してさらに広げ、整える。

55 一番外側の花弁の折りたたまれた部分に親指をそっと差し込む。

56 そのままぐっと奥まで差し込み、ざっくりと広げる。

57 4枚の花弁をすべて広げたところ。

58 55〜57で広げた一番外側の花弁の折り山部分（●）を開くようにして折る（中割り折り）。

59-1 中割り折りしたところ。

59-2 図の位置が角になるように折る。4枚同様にし、形を整える。

60 でき上がり。

■ 四角バラ

Square rose / Rose carrée ‹ p.06

- p.06の作品に使用した紙のサイズ：25cm×25cmの正方形
- p.06の作品に使用した紙：タント
- 折り方のポイント：1-11で折り目を仕込み、仕込んだ折り目を使って12-47で花の形に成形する。

＊ガクをつける場合は、15cm×15cmの正方形で四角バラのガク（p.37）を折って使う。（花：ガク＝5：3）

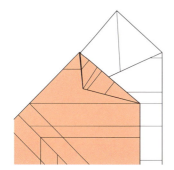

① 四角のシンプルローズ（p.24）の1〜34と同様に折る。

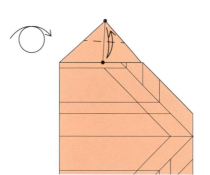

② 裏返して置き、図の位置で折り線をつける。

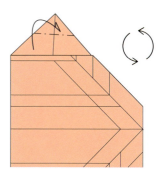

③ 2の折り線で山折りし、裏側に折り返す。

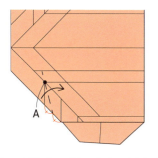

④ 回転して図の向きに置き直し、図の位置で折る。

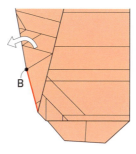

⑤ Bを支点にして、4で折った左側部分を手前にめくる。

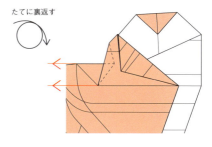

⑥ 図の2線が平行になるように整えて、5でめくった部分にしっかりと折り線をつける。

④' 実際に折るときはこの向きで折るとやりやすい。

⑥'

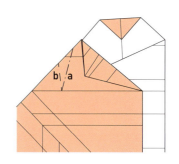

POINT 4〜6を折って広げると、このように折り線がついている（a＝4で折った線、b＝5〜6で折った線）。

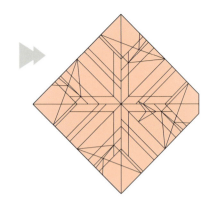 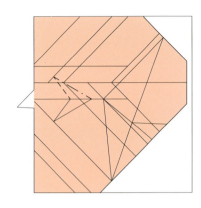 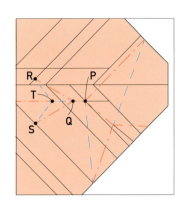

⑦ 表を上にして全体を広げる（3で折った部分はそのまま）。4〜6でできた折り線の上側部分は図のように山折りと谷折りを逆につけ直す。

⑧ 4〜7で折った部分（図の左側）を中割り折りし、図の右側の花弁部分ももう一度折り線通り（1の状態）に折る。

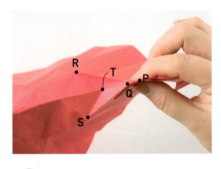  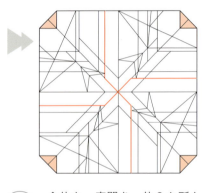

⑨-1 8の折り線で折ると、自然とTがへこむ。RをSの方に押してRとSをぴったりと重ねる（中割り折り）。

⑨-2 重ねた状態で改めて折りぐせをつけておく。裏から右手の人さし指の腹で支えると折りやすい。

⑩ 全体を一度開き、他3か所も1〜9と同様にし、もう一度裏を上にして全体を広げる。＊赤線が「らせんの線」。

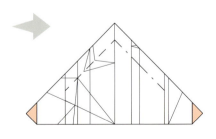  

⑪ 3で折った部分はそのまま裏を外側にして風船の基本形（p.22）に折る。ここでもう一度山折り・谷折りで折る。

⑫ ピラミッド状に立て、それぞれのひだを11の折り線で折りながら中心をひねるようにして全体を広げる。

⑬ 全体が平らになるまで開く。ただし、端まで折らないように注意。中心はつぶさない。

Square rose / Rose carrée

⑭ 表に返す。紙が重なった部分を開くように左右に引く。

⑮ このとき、左手の人さし指を伸ばすようにして添えると自然と四角のシンプルローズ（p.26）の21〜27の③の折り線で紙が折れる。

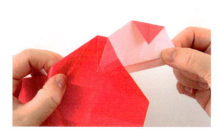

⑯ 角を1の状態に折る（3で折った部分はそのまま）。
＊次の角を折るときに広がってしまってもOK。

⑰ 他の角3か所も14〜16と同様に折る。

⑱ 「らせんの線」で、裏から見て山折りになるように折る。

⑲ 4か所を折ったところ。

⑳ 8〜9でつけた折りぐせに沿って中割り折りをする。

21-1 4か所すべて中割り折りをしたところ。

21-2 中心部分を裏から見たところ。

㉒ 「らせんの線」で中心までずれないように注意して折りながら、左回りにタービンのように筒状にまとめる。

㉓ 筒状にまとめたところ。

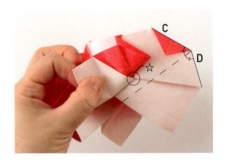

㉔ 下部を上に折り上げる。最初の1枚は成り行きで上がるところまで折り上げる（☆部分が破れないよう注意）。

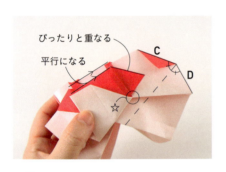

㉕ 2枚めからはCの線にDの線が重なるように折り上げる（☆部分が破れないよう注意）。

㉖ 左回りに25をくり返し、最初の1枚も同様に折り直す。4か所折り上げたところ。

㉗ 底を上にして持ち、山型になっている5か所を左回りに内側に折り込む。

㉘ 4か所折ったところ。

㉙ 再び上に向けて持ち直し、8〜9で折った中割り折り部分の内側に丸箸の先を入れ、内側に倒すようにして中割り折りを広げる。

㉚ 花弁の内側に丸箸を入れ、折り山に沿わせて右回りに回しながら少しずつ中心を広げる。

Square rose / Rose carrée

(31) 中心が広がったら、丸箸の太い方をそっと中心に刺して広げ、整える。

(32) 一番外側の花弁の折りたたまれた部分に親指をぐっと奥まで差し込み、ざっくりと広げる。

(33) 4枚の花弁をすべて広げたところ。

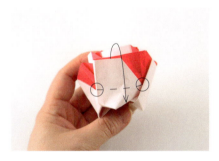

(34) 隣の花弁と重なる位置を目安に、32～33で広げた花弁の外側1枚を外側に折り返す。

(35) 外側に広げたところ。他3か所も同様にする。

(36) 32～33で広げた花弁の折り山部分（●）を34～35の折り山に沿って中割り折りする。

(37) 中割り折りしたところ。他3か所も同様にする。

(38) 32～33で広げた花弁の1つ内側の花弁の根本を外側に少し折る。

(39) 花弁の先側はそのまま沿わせるだけ。

Square rose / Rose carrée

㊵ 38〜39を4枚同様にしたところ。

㊶ 38〜40で開いた花弁の右端の折り山部分（◎）を中割り折りする。

㊷ 中割り折りしたところ。他3か所も同様にする。

㊸ 41〜42で中割り折りした部分の左下の紙が重なった部分を裏に少し折る。

44-1 折ったところ。

44-2 下から見たところ。他3か所も同様にする。

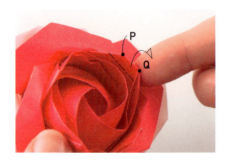

㊺ 38〜40で開いた花弁の1つ内側の花弁の先端部（9のP・Q周辺）を指で軽く押さえて外側に折り返す。

㊻ 折り返したところ。他3か所も同様にする。

㊼ でき上がり。

■ 四角バラのガク

Calix A / Calice A　＜ p.06

- p.06の作品に使用した紙のサイズ：15cm×15cmの正方形
- p.06の作品に使用した紙：タント

＊四角のシンプルローズ、四角バラに使える。花とガクの用意する正方形の1辺の長さの比率は 5：3＝25cm：15cm

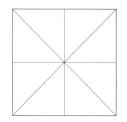

① 正方基本形（p.22）に折り、裏を上にして全体を広げ、図の向きに置く。

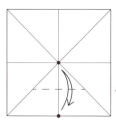

② 下の紙端を中心に合わせて折り、指定の範囲にだけ折り線をつけて戻す。

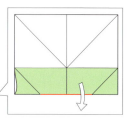

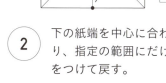

③ 他3か所も同様にする。

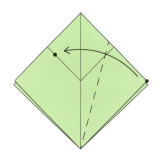

④ 再び正方基本形に折り、図の向きに置く。ひだを1枚図の位置で折る。

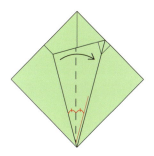

⑤ さらに図の位置で折る。このとき、紙の厚み分遊びを残す。

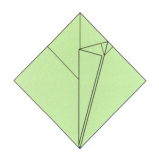

⑥ 5を折ったところ。

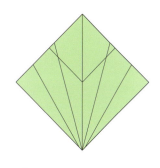

⑦ 他のひだも4〜6と同様に折る。

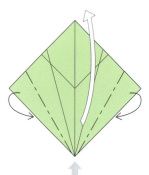

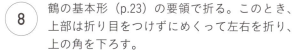

⑧ 鶴の基本形（p.23）の要領で折る。このとき、上部は折り目をつけずにめくって左右を折り、上の角を下ろす。

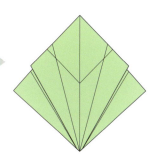

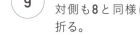

⑨ 折ったところ。反対側も8と同様に折る。

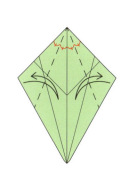

⑩ すべてのひだに図の位置で折り線をつける。

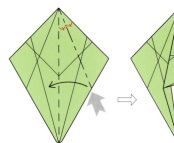
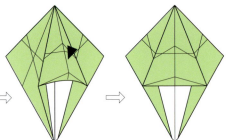
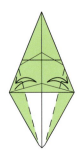
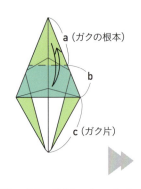

a（ガクの根本）
b
c（ガク片）

⑪ かえるの基本形（p.23）の最初の要領で、図の折り線で開きながら角を平らにつぶす。

⑫ 他も11と同様に折る。すべてのひだに図の位置で折り線をつけておく。

⑬ 図の位置にしっかりと折り線をつける。
＊14〜15の図では便宜上bの部分に色をつける。これを折る際の目安にする。

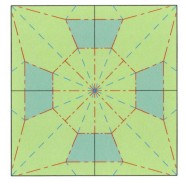

⑭ 全体を一度開き、13でつけた折り線をすべて山折りに折り直す。a部分を図の折り線で折り直して沈め折り（p.23）の準備をする。

⑭'-1

⑭'-2

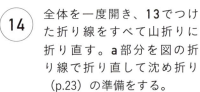
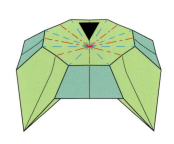

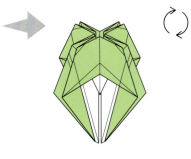

⑮ 14の折り線で折り、まずb、c部分から台状に形成し、a部分を沈め折りする。

⑮'

⑯ 沈め折りしたところ。ガクの根本が中に折りたたまれる。上下逆向きに置く。

Calix A / Calice A

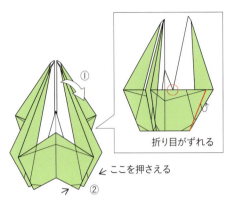

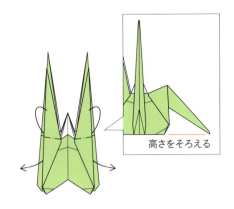

折り目がずれる
ここを押さえる
高さをそろえる

17　内側の部分が見えるところまで外側のひだを引き出す（①）。紙がずれるので、下部を押さえて折り目をつけ直す（②）。

18　開いた形が固定される。他も同様にする。すべてのひだを12の折り線で折る。

19　上部を中割り折りする。4か所とも同様にする。

17'-1　　17'-2　　18'

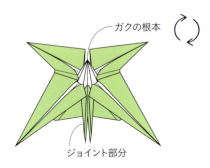
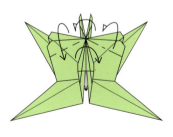
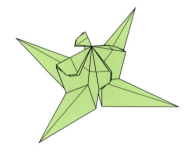

ガクの根本
ジョイント部分

20　4か所折り、開いたところ。

21　ジョイント部分を上にし、それぞれのひだを2枚ずつまとめてねじるように折る。

22　でき上がり。
＊p.85を参照して組み立てる。

39

■ 四角のつぼみ
Square rose bud / Bouton de rose carrée ＜ p.07

- p.07の作品に使用した紙のサイズ：25cm×25cmの正方形
- p.07の作品に使用した紙：タント

＊ガクをつける場合は、20cm×20cmの正方形で四角のつぼみのガク（p.44）を折って使う。（つぼみ：ガク＝5：4）

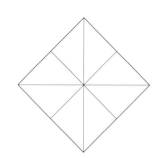
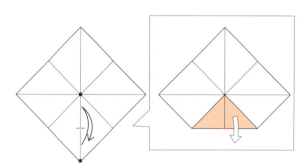
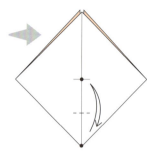

① 裏を外側にして正方基本形（p.22）に折り、裏を上にして全体を広げ、図の向きに置く。

② 下の角を中心に合わせて折り、真ん中にだけ目印の折り線をつけて戻す。

③ 再び裏を外側にして正方基本形に折り、中心側を下にして置く。中心を2でつけた折り線に合わせ、目印の折り線をつけて戻す。

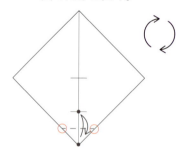
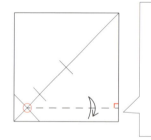
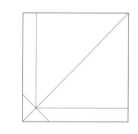

④ さらに、中心を3でつけた折り線に合わせ、端まで折り線をつけて戻す。

⑤ 図の向きに置き直す。ひだの端を1枚だけめくり、図のように下の辺と平行に折り線をつけて戻す。

⑥ ひだを1枚ずつめくり、すべてのひだに5と同様に折り線をつける。

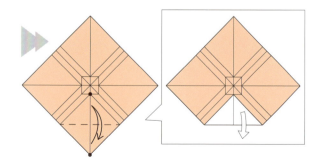
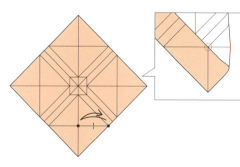

⑦ 表を上にして全体を広げて置く。下の角を図の位置に合わせ、折り線をつけて戻す。他3か所も同様にする。
POINT 表裏を間違えないよう注意。

⑧ 図のように目印の折り線をつけておく。他3か所も同様にする。

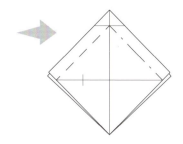

⑨ 再び裏を外側にして正方基本形に折り、中心側を上にして置く。図のようにもう一度山折り・谷折りで折る。

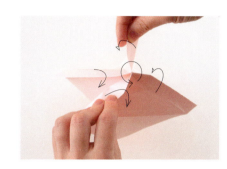

⑩ それぞれのひだを9の折り線で折りながら左回りに中心をひねるようにして全体を広げる。

⑪ 全体が平らになるまで開く。

⑫-1 中心の立体的になっている部分を指の腹で上から押しつぶす。

⑫-2 上が少し平らになったら、側面を少しずつ引っ張り、また上から押しつぶす。これをくり返して平らにする。

⑫-3 つぶした縁をきれいに整える。

⑫-4 中心をきれいにつぶした状態。

⑬ 表に返し、中心部を寄せるようにやわらかく整える。

⑭ 8でつけた目印に隣のひだを合わせて持つ。

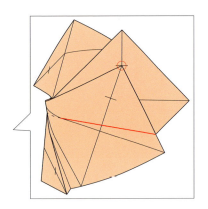

15 14がずれないように注意して、裏からしっかりと折り線をつける。

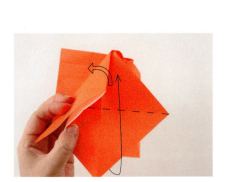

16 14〜15をくり返してすべてのひだに折り線をつけ、その折り線でらせん状にまとめる。

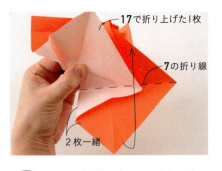

17 左隣のひだを一度めくり、7でつけた折り線で上の1枚だけ角を折り上げる。

18 17の右隣の角は7の折り線でそのまま成り行きで、左側は2枚一緒に折り上げる。

19 18を折り上げたところ。

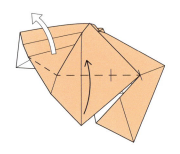

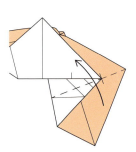

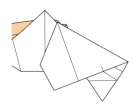

17'   18'   19'

Square rose bud / Bouton de rose carrée

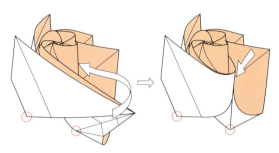

20 18〜19をくり返し、最後の1枚は最初の1枚を開いて折り直し、他のひだと同様に右隣の隙間に入れる。

POINT 左隣の角を見ながら、同じように角を作る（図の丸印が角になる）。

21 すべてのひだが折り上がり、まとまったところ。

22 底を上にして持ち、山型になっている部分を内側に折り込む。

23 1か所折ったところ。他3か所も同様に折る。

24 4か所を内側に折り込んだところ。

25 上に向けて持ち直し、中心部に丸箸を入れて折り山に沿わせながら少しずつ広げ、箸の太い方も使って形を整える。

26 でき上がり。

■ 四角のつぼみのガク

Calix B / Calice B ‹ p.07

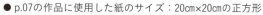

- p.07の作品に使用した紙のサイズ：20cm×20cmの正方形
- p.07の作品に使用した紙：タント

＊四角のつぼみに使える。つぼみとガクの用意する正方形の1辺の長さの比率は 5：4＝25cm：20cm

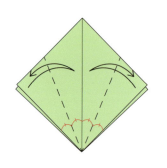 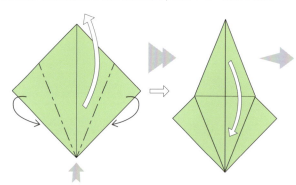 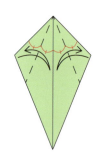

① 正方基本形（p.22）に折り、鶴の基本形（p.23）の要領で折る。

② このとき、上部は折り線をつけずにめくって左右を折り、上の角を下ろす。反対側も同様に折る。

③ すべてのひだに図の位置で折り線をつける。

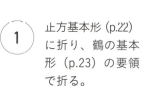 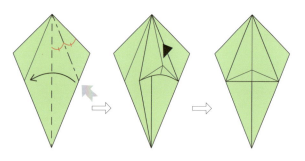 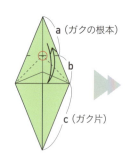 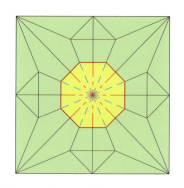

④ かえるの基本形（p.23）の最初の要領で、図の折り線で開きながら角を平らにつぶす。

⑤ 他も4と同様に折り、p.53の6～7を参照して図の位置に折り線をつける。

⑥ 全体を一度開き、5でつけた折り線をすべて山折りに折り直す。a部分を図の折り線で折り直して沈め折り（p.23）の準備をする。

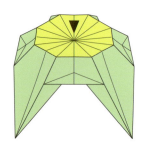 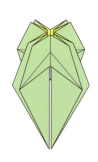 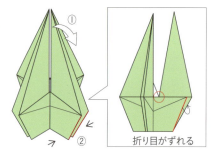

⑦ 6の折り線で折り、まずb、cの部分から台状に形成し、aの部分を沈め折りする（p.38の15参照）。

⑧ 沈め折りしたところ。ガクの根本が中に折りたたまれる。上下逆向きに置く。

⑨ 内側の部分が見えるところまで外側のひだを引き出す（①）。紙がずれるので、下部を押さえて折り目をつけ直す（②）。

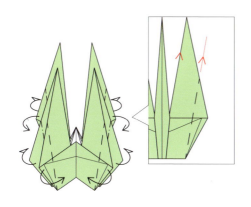

10 開いた形が固定される。他も同様にする。角の部分をそれぞれ開くように折る。

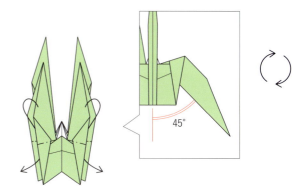

11 上部を中割り折りする。4か所同様にする。

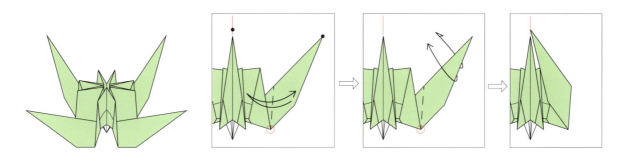

12 上下逆向きに置く。

13 ガク片の先が中心の軸にくるようにまず全体を谷折りし、その折り線でかぶせ折り（p.21）する。4か所同様に折る。

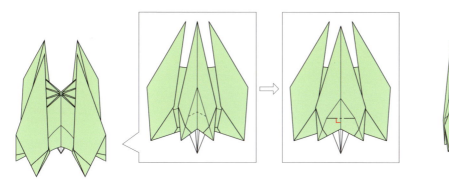

14 ガク片の中心に水平の折り線をつけて広げる。4か所同様にする。

15 でき上がり。ガク片の先を外向きにカールさせるとニュアンスが出る。
＊p.56を参照して組み立てる。

⬟ 正五角形の切り出し方

正五角形から折る作品を作るには、まず、正方形の紙から正五角形を切り出す方法を覚えましょう。

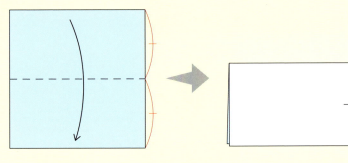

① 横中心でたてに半分に折る。

② 紙の端を紙の中心に合わせるようにして上の1枚だけをさらに半分に折るが、右から1/4にだけ折り線をつける。

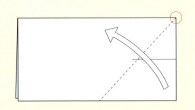

3-1 右下の角1枚を左上に向かってめくる。ここではまだ折らない（折り方は3-2を参照）。

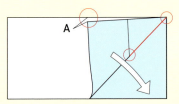

3-2 折り上げた角をずらしてAの隙間をあけ、右上の角から2の折り線と交差するまでの範囲にだけ折り線をつけて戻す。

＊A＝正方形の1辺の長さの4％
（15cm角で6mm、25cm角で10mm、30cm角で12mm、35cm角で14mm）

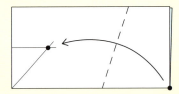

④ 図の向きに置き直し、右下の角を2の線と3の線の交点に合わせて折る。

⑤ 4で折った部分を角の二等分線で折る。

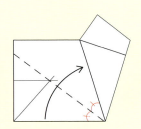

⑥ 左側を角の二等分線で折る。

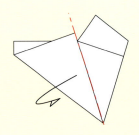

⑦ 図の位置で山折りする。

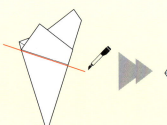

⑧ 1番上の紙の線上から1mm中心寄りをカッターでカットする（紙端の欠けを防ぐため）。

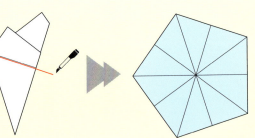

⑨ 広げると正五角形が切れている。

● バラのつぼみ

Rose bud / Bouton de rose ‹ p.08

- p.08の作品に使用した紙のサイズ：21cm×21cmから切り出した正五角形（切り出し方はp.46）
- p.08の作品に使用した紙：クラッポマーブル

＊ガクをつける場合は、17cm×17cmから切り出した正五角形でつぼみのガク（p.53）を折って使う。（つぼみ：ガク＝5：4）
＊四角のつぼみ（p.40）が折れるようになってから挑戦することをおすすめします。

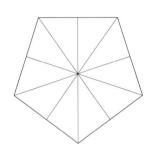
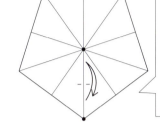
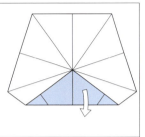
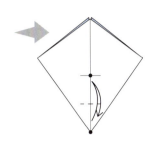

① 五角形に切り出したら、裏を上にして全体を広げ、図の向きに置く。

② 下の角を中心に合わせて折り、真ん中にだけ目印の折り線をつけて戻す。

③ 裏を外側にして花の基本形（p.22）に折り、中心側を下にして置く。中心を2でつけた折り線に合わせ、目印の折り線をつけて戻す。

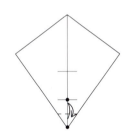
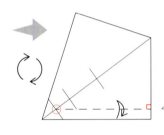
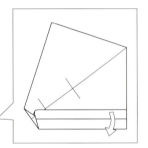
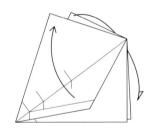

④ さらに、中心を3でつけた折り線に合わせ、端まで折り線をつけて戻す。

⑤ 図の向きに置き直す。ひだの端を1枚だけめくり、図のように下の辺と平行に折り線をつけて戻す。

⑥ 上下のひだを1枚ずつめくる。

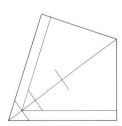

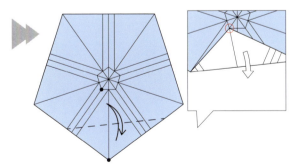
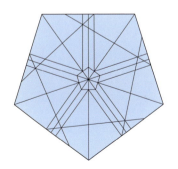

⑦ 5～6をくり返し、すべてのひだに同様に折り線をつける。

⑧ 表を上にして全体を広げて置く。下の角を図の位置に合わせ、折り線をつけて戻す。
POINT 表裏を間違えないよう注意。

⑨ 他4か所も同様にする。

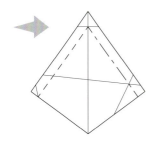

10 再び裏を外側にして花の基本形に折り、中心側を上にして置く。図のようにもう一度山折り・谷折りで折る。

11 それぞれのひだを10の折り線で折りながら左回りに中心をひねるようにして全体を広げる。

12 全体が平らになるまで開く。

13 p.41の12を参照して中心をつぶす。

14 表に返し、中心部を寄せるようにやわらかく整える。

15 図の2点（8でつけた折り線が隣のひだとつながり、角から出た折り線で1：2になる位置）をそれぞれ合わせて持つ。

16 15がずれないように注意して、裏からしっかりと折り線をつける。

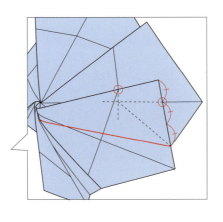

17 15～16をくり返してすべてのひだに折り線をつけ、その折り線でらせん状にまとめる。

Rose bud / Bouton de rose

18 左隣のひだを一度めくり、8でつけた折り線で上の1枚だけを折り上げる。

19 18の右隣の角は8の折り線でそのまま成り行きで、左側は2枚一緒に折り上げる。

20 19を折り上げたところ。右側部分も成り行きで押さえてしっかりと折る。

21 19〜20をくり返し、最後の1枚は最初の1枚を開いて折り直し、他のひだと同様に右隣の隙間に入れる。

22 すべてのひだが折り上がり、まとまったところ。

23 底を上にして持ち、山型になっている部分を内側に折り込む。

24 5か所を内側に折り込んだところ。

25 上に向けて持ち直し、中心部に丸箸を入れて折り山に沿わせながら少しずつ広げ、箸の太い方も使って形を整える。

26 でき上がり。花弁を外側にカールさせるとニュアンスが出る。

⬟ 咲きかけのバラ
Blooming rose / Rose qui s'épanouit ‹ p.09

- p.09の作品に使用した紙のサイズ：25cm×25cmから切り出した正五角形
  （切り出し方はp.46）
- p.09の作品に使用した紙：タント

＊ガクをつける場合は、20cm×20cmから切り出した正五角形で
  つぼみのガク（p.56）を折って使う。（花：ガク＝5：4）

＊四角のつぼみ（p.40）、バラのつぼみ（p.47）が折れるようになってから
  挑戦することをおすすめします。

① バラのつぼみ（p.47）の1〜21までと同様に折り、右隣に差し込んでいた部分を一度すべて広げる。

② 中心部を下にして持ち、ひだの左端を中割り折りする。

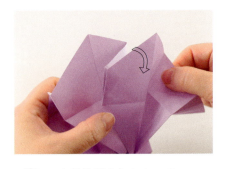

③ 中割り折りしたところ。

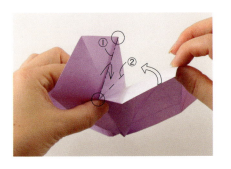

④ 3で折った手前側の1枚を手前に倒し、奥側の1枚を図の2点を結ぶ線で折る（①）。

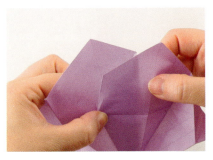

⑤ 4の①で折ったまま手前側の1枚を戻すと、成り行きで②が折れる。

⑥ 2〜5ですべてのひだを折る。

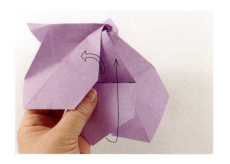

⑦ 中心部を上にして持ち、左隣のひだを一度めくり、バラのつぼみの**8**でつけた折り線で上の1枚だけを折り上げる。

⑧-1 **7**の右隣の角は**4〜5**の①②の折り線を折りながらバラのつぼみの**19**で折った2枚を一緒に折り上げる。

⑧-2 このとき★の内側はたわむ。以後、たわんだまま折り進む。

⑨ **8**を折る際に、バラのつぼみの**19**で折った2枚を左下の角が直角になるようにずらして折る。

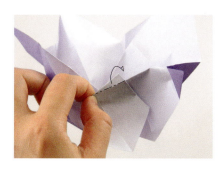

⑩ 底を上にして持ち、山型になっている部分を内側に折り込む。

⑪ **7〜10**をくり返し、最後の1枚は最初の1枚を開いて折り直し、他のひだと同様に右隣の隙間に入れる。

⑫-1 すべてのひだが折り上がり、まとまったところ。

⑫-2 裏から見たところ。底の山型部分は内側に折り込まれている。

⑬ 上に向けて持ち、中心部に丸箸を入れて折り山に沿わせながら少しずつ広げ、箸の太い方も使って形を整える。

Blooming rose / Rose qui s'épanouit

⑭ 花弁の内側の★の辺を4の②の線に合わせて折る。このとき、底の山型部分は一度開いてOK。

⑮ 14を折ったところ。

⑯ 花弁の右側はそのまま自然に外側に倒す。底の山型部分を元に戻しておく。

⑰ すべてのひだを14〜16と同様に折る。

⑱ 花弁の右側の角を少し裏に折り返す。

⑲ 18を折ったところ。すべての角を同様に折る。

⑳ でき上がり。

● つぼみのガク

Calix C / Calice C ‹ p.17

- 写実的に作る場合の紙のサイズ：17㎝×17㎝または20㎝×20㎝から切り出した正五角形
- p.17の作品に使用した紙：和紙

＊バラのつぼみ、咲きかけのバラに使える（咲きかけのバラに使う場合はp.56参照）。
　花（つぼみ）とガクの用意する正方形の1辺の長さの比率は5：4＝25㎝：20㎝

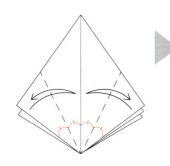

① 裏を外側にして花の基本形（p.22）から鶴の基本形（p.23）の要領で折る。

 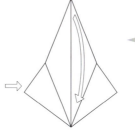

② このとき、上部は折り線をつけずにめくって左右を折り、上の角を下ろす。

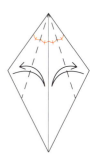

③ 他も1〜2と同様に折り、すべてのひだに図の位置で折り線をつける。

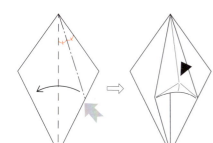

④ かえるの基本形（p.23）の最初の要領で、図の折り線で開きながら角を平らにつぶす。

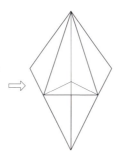

⑤ 他も4と同様に折る。

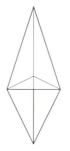

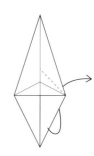

⑥ 紙が上がる一番上まで上げて中割り折りする。すべてのひだを同様にする。

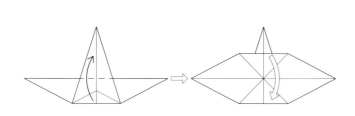

⑦ 図の位置で折り線をつけて戻す。ひだをめくりながら5面同様にする。

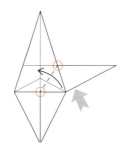 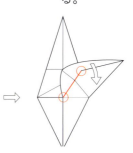

⑧ ひだ1つを残して他は下ろし、図の位置でひだの真ん中に指を入れて開き、手前側だけ折り線をつけて戻す。

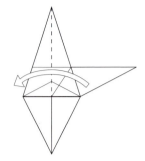

⑨ ひだを反対側にめくる。

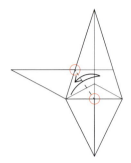

⑩ 8と同様に折り線をつける。

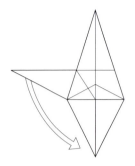

⑪ 中割り折りを元に戻す。

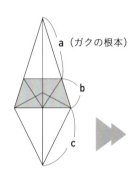

⑫ 他のひだも8〜11と同様にする。
＊13〜16の図では便宜上bの部分に色をつける。これを折る際の目安にする。

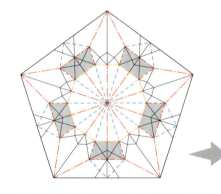

⑬ 裏を上にして全体を一度開く。7でつけた折り線（図の黄線）をすべて山折りに折り直す。a部分を図の折り線で折り直して沈め折りの準備をする（p.38の14を参照）。

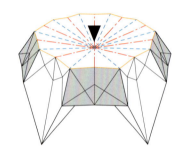

⑭ 13の折り線で折り、b、cの部分から形成し、aの部分を沈め折り（p.23）する（p.38の15を参照）。

⑮ 沈め折りした状態でしっかりと折りぐせをつける。ガクの根本が中に折りたたまれる。

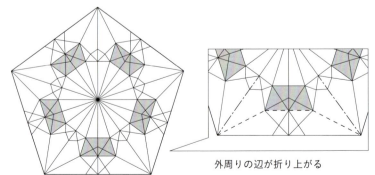

外周りの辺が折り上がる

⑯ もう一度裏を上にして全体を開き、図のように折り直す。他の辺も同様にする。

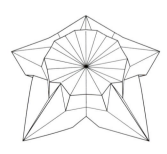

⑰ 16で折り直した折り線と、沈め折りの折り線で星形に折りたたむ。

Calix C / Calice C

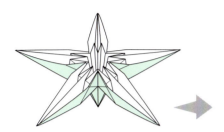

⑱ 折ったところ。

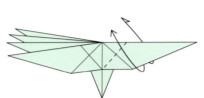

⑲ 8〜12でつけた折り線でかぶせ折り（p.21）する。

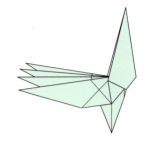

⑳ 左回りにかぶせ折りしていく。

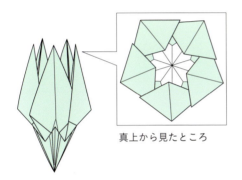

真上から見たところ

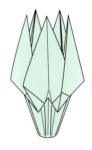

㉑ 最後の1枚を折ったら、最初の1枚を左にかぶせて、すべて右隣のひだが上になるように組み替える。

㉒ 底の部分に箸の太い方を挿し入れてふくらませる。

㉓ でき上がり。先を外側にカールさせたり、つまんでニュアンスを出してもOK。
＊p.56を参照して組み立てる。

● つぼみのガク（咲きかけのバラ用のアレンジ）
Calix C' / Calice C'

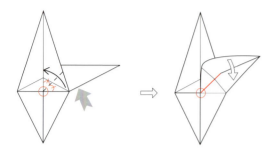

① p.53の**8**～**12**を折る際に45度で折り線をつける。他はすべてp.53～55と同様に折る。

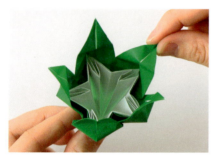

② ガク片を外側にカールさせてつまんで仕上げる。

③ 根本をねじる。

つぼみ・咲きかけのバラの組み立て方
＊写真は咲きかけのバラ（p.50）とつぼみのガクですが、組み立て方は四角のつぼみ（p.40）・バラのつぼみ（p.47）も共通です。

① 上部を曲げたワイヤーをガクの中心に通す。

② 曲げた部分でガクの内側をはさむようにする。

③ ガクの中に咲きかけのバラ（またはつぼみ）を入れてのりづけする。

④ ガクの根本からフローラルテープを巻く。

● 剣弁高芯咲きのバラ

Pointed petaled rose / Rose aux pétales pointus　< p.10

- p.10の作品に使用した紙のサイズ：50cm×50cmまたは40cm×40cmから切り出した正五角形（切り出し方はp.46）
- p.10の作品に使用した紙：ヴィヴァルディ
- 折り方のポイント：1-40で必要な折り目を仕込み、仕込んだ折り目を使って41-71で花の形に成形する。

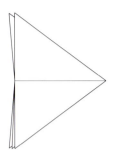

① 裏を外側にして風船の基本形（p.22）に折り、図の向きに置く。

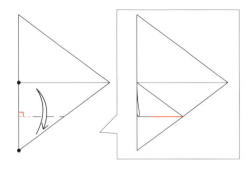

② ひだを1枚だけめくり、下の頂点を中心線に合わせて平行に右側だけに折り線をつける（慣れないうちは端までつけてもOK）。

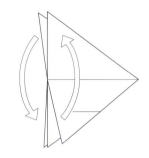

③ 上下のひだを1枚ずつ反対側へめくる。

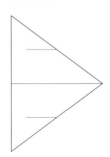

④ 2～3をくり返してすべてのひだを同様に折る。

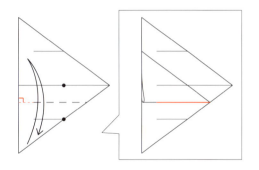

⑤ ひだを1枚だけめくり、2～4でつけた折り線を中心線に合わせて平行に右側だけに折り線をつける（端までつけてもOK）。

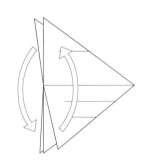

⑥ 上下のひだを1枚ずつ反対側へめくる。

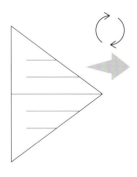

⑦ 5～6をくり返してすべてのひだを同様に折る。

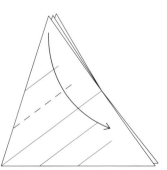

⑧ 向きを変えて置く。5の折り線でひだを1枚だけ折る。

⑨ Aの線がBの線と平行になるように、A-B間の下から1/3の位置で折り、指定の範囲にだけ折り線をつける。

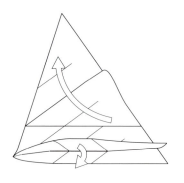

⑩ 8〜9で折った部分を元に戻す。

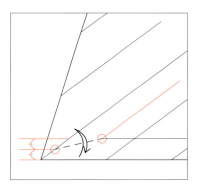

⑪ 9で折った部分につながるように中心部分を図のように折る。

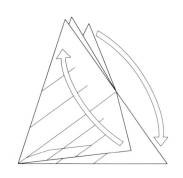

⑫ ひだを上下1枚ずつ反対側にめくる。

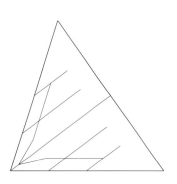

⑬ 8〜12をくり返してすべてのひだに折り線をつける。

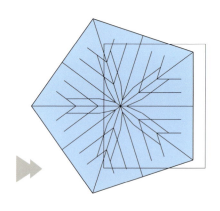

⑭ 全体を広げ、表を上にして置く。

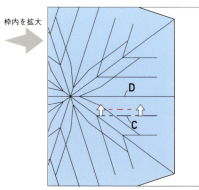

⑮ 図のようにCの線をつまんで少しDの線の方に寄せ、C-D間の下から1/3の位置に折り線をつけて目印にする。

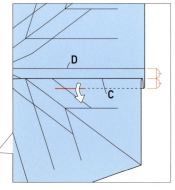

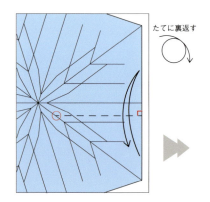

⑯ 15でつけた目印で折り、紙端から垂直に指定の範囲にしっかりと折り線をつける。
POINT これを「らせんの線」と呼ぶ。

Pointed petaled rose / Rose aux pétales pointus

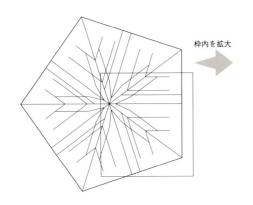
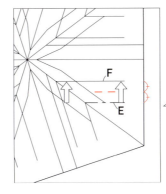
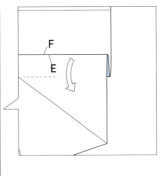

17 他4か所も15〜16と同様に折り、裏返す。

18 図のようにEの線をつまんでFの線と重なるように寄せ、E-F間の1/2の位置に折り線をつけて目印にする。

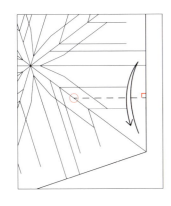
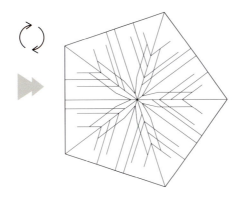
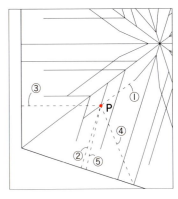

19 18でつけた目印で折り、紙端から垂直に指定の範囲にしっかりと折り線をつける。

20 他4か所も同様にし、全体を広げて裏を上にして置く。

POINT 図の①〜⑤の線は次の21〜27で順番に折っていく。この時点ではまだ折らない。

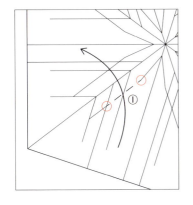
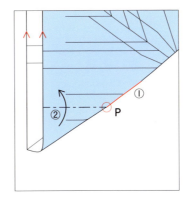
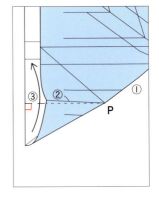

21 まず①の線で谷折りして紙を折り上げる。

22 紙の端同士が平行に並ぶ。以後、これがずれないように注意する。次に②の線で山折りしながら、②の線と①の線の交点（P）を確認する。

23 Pから左の辺（紙端）に向かって垂直に折る（③）。

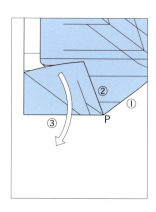
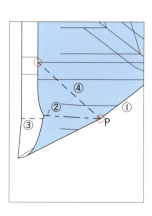
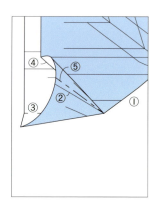
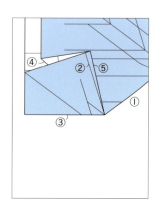

24　①〜③の線で折ったところ。②③の線を一度開く。

25　①の線で折ったまま、④の線で谷折りする。

26　①→④→③の順に折り、平らにつぶすと、②の線が⑤の線に自然にずれる。

27　①③④⑤の線で平らに折ったところ。

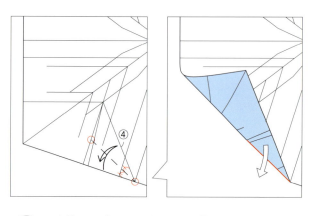
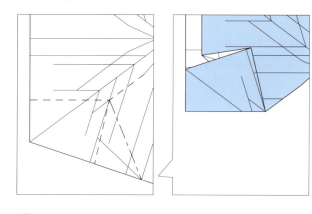

28　全体を一度開く。紙の端と④の線を合わせて指定の範囲に折り線をつける。

29　もう一度27の状態に折る。

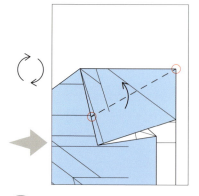
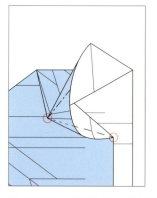
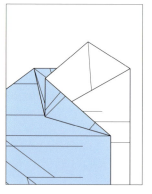

30　上下逆向きに置き直す。28でつけた基準線と右上の角を結ぶ線で、上の1枚だけを谷折りする。紙が破れないように角側は少し遊びを残してもOK。

31　30を折ると下側が自然と28で折った折り線で折れるので、開いて平らにつぶす。

32　折ったところ。21〜31で折った、この部分が後に花弁になる。

Pointed petaled rose / Rose aux pétales pointus

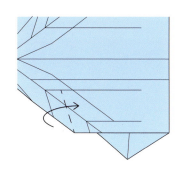

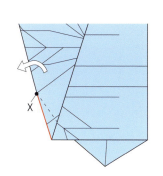

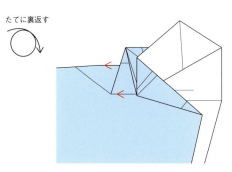

㉝ 図の位置で折る。

㉞ Xを支点にして33で折った左側（図では上側）を手前にめくる。

㉟ 図の2線が平行になるように整えて、34でめくった部分にしっかりと折り線をつける。

33'　34'　35'

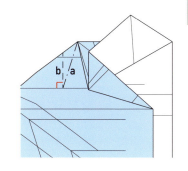

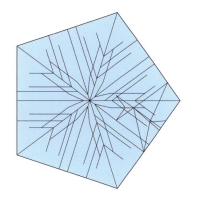

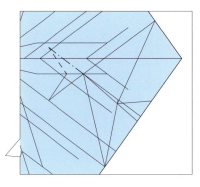

POINT　33〜35を折って広げると、このように折り線がついている（a＝33で折った線、b＝34〜35で折った線）。

㊱ 表を上にして全体を広げる。33〜35でできた折り線の上側部分は図のように山折りと谷折りを逆につけ直す。

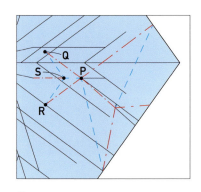

37 33〜36で折った部分（図の左側部分）を中割り折りし、図の右側部分ももう一度折り線通り（29の状態）に折る。

38-1 37の折り線で折ると、自然とSがへこむ。QをRの方に押すようにしながらQとRをぴったり重ねる（中割り折り）。

38-2 重ねた状態で改めて折りぐせをつけておく。

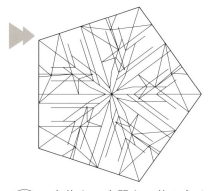

39 全体を一度開き、他の角4か所も21〜38と同様にする。すべて折ったら、裏を上にして全体を一度開く。

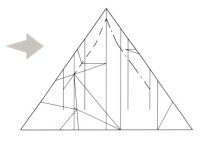

40 裏を外側にして風船の基本形（p.22）に折る。ここでもう一度山折り・谷折りで折る。特に上部の細くなった部分はしっかりと折りぐせをつける。

41 中心をひねるようにして全体を一気に広げる。このとき、各ひだの端は2枚がくっつかずに階段状になり、平らにはならない。

42 表に返し、紙が重なった部分を開くように左右に引くと、自然と21〜27の③の折り線で紙が折れる（p.28の39〜40参照）。

43 角を32の状態に折る。

44 他の角4か所も42〜43と同様に折り、「らせんの線」で裏から見て山折りになるように折る（p.28の43参照）。

Pointed petaled rose / Rose aux pétales pointus

㊺ 37〜38でつけた折りぐせに沿って中割り折りをする。

㊻ 5か所すべて中割り折りをしたところ。

㊼ 「らせんの線」で中心までずれないように注意して折りながら、左回りにタービンのように筒状にまとめる。

㊽ 筒状にまとめたところ。

㊾ 写真のように持ち直す。花弁部分を一旦広げ、下部（写真では右側）を上に折り上げる。

㊿ 紙端がそろっていることを確認する（☆部分が破れないよう注意）。

ぴったりと重なる

51 他の花弁も同様に折り、5か所折り上げたところ。

52 底を上にして持ち、山型になっている5か所を左回りに内側に折り込む。

53 5か所折ったところ。

(54) 再び上に向けて持ち直し、45〜46で中割り折りした花弁の内側に丸箸の先を入れ、少しずつしごく。

(55) 中心部分の花弁に丸箸を沿わせながら少しずつ広げる。

(56) 中心が広がったら、丸箸の先端を入れてさらに広げ、太い方も入れて整える。

(57) 花弁の一番外側の折り山に親指をぐっと奥まで差し込み、ざっくりと広げる。

(58) 5枚すべてを広げたところ。

(59) 底を上にして持ち直し、一番外側の花弁を図の位置で折る。

(60) 折ったところ。内側に入れ込む。

(61) 入れ込んだところ。

(62) 他4か所も59〜61と同様に折る。

Pointed petaled rose / Rose aux pétales pointus

63 一番外側の花弁をさらに外側に折り返す。

64 折ったところ。

65 他4か所も63〜64と同様にする。

66 外から二番めの花弁を角部分に沿わせるように外側に広げる。

67 他4か所も同様にする。

68 外から二番めの花弁の先端をつまんで尖らせる。

69 中割り折りした花弁の先端部分を外側に少し折る。

70 折ったところ。他4か所も同様にする。

71 でき上がり。

● 短いガク
Calix D / Calice D ‹ p.10,11

- 写実的に作る場合の紙のサイズ：17.5cm×17.5cmまたは15cm×15cmから切り出した正五角形
- p.10,11の作品に使用した紙：タント

＊剣弁高芯咲きのバラ、ロゼット咲きのオールドローズに使える。花とガクの用意する正方形の1辺の長さの比率は
  剣弁高芯咲きのバラは2：1＝35cm：17.5cm、ロゼット咲きのオールドローズは7：3＝35cm：15cm

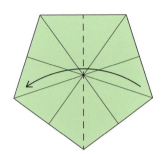

① 全体を広げて図の向きに置き、たて中心で半分に折る。

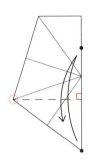

② 下の頂点を左の角から出る線で直角に折り上げる。

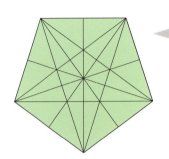

③ 1〜2と同様に5か所に折り線をつけ、全体を広げる。

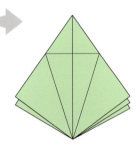

④ 花の基本形（p.22）に折る。

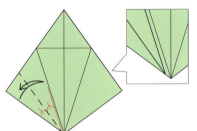

⑤ 紙の厚み分遊びを残して、図の位置に折り線をつける。すべてのひだを同様に折る。

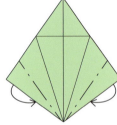

⑥ 5の折り線で鶴の基本形（p.23）の要領ですべてのひだを折る（p.37の8参照）。

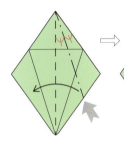

⑦ かえるの基本形（p.23）の最初の要領で、図の折り線で開きながら角を平らにつぶし、各ひだに折り線をつけておく。すべてのひだを同様にする。

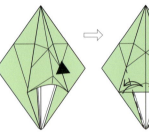

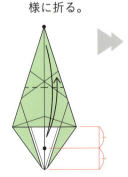

⑧ 図の位置にしっかりと折り線をつける。

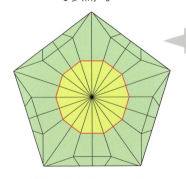

⑨ 全体を一度開き、8でつけた折り線をすべて山折りに折り直す。

⑩ 外側を台状にまとめてから中心部分を沈め折り（p.23）する。

⑪ 沈め折りしたところ。ガクの根本が中に折りたたまれる。

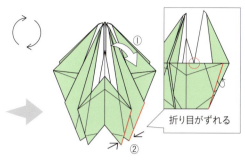
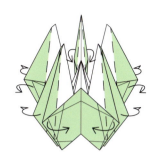
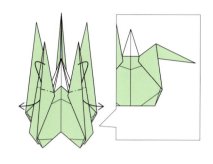

12. 内側の部分が見えるところまで外側のひだを引き出す（①）。紙がずれるので、下部を押さえて折り目をつけ直す（②）と開いた形が固定される。すべてのひだを同様にする（p.39の17参照）。

13. 角をそれぞれ開くようにすべてのひだを7の折り線で折る。

14. 上部を中割り折りする。5か所とも同様にする。

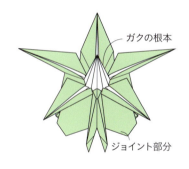
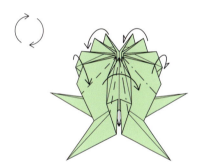
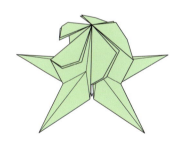

15. 5か所折り、開いたところ。ジョイント部分を上にして置き直す。

16. （剣弁高芯咲きの場合）それぞれのひだを2枚ずつまとめてねじるように折る。

17. 剣弁高芯咲きのバラ用のガクのでき上がり。
＊p.85を参照して組み立てる。

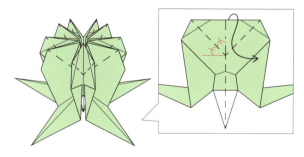

16'. （ロゼット咲きのオールドローズの場合）各ひだの真ん中を45度で中割り折りする。10か所同様にする。

17'. ロゼット咲きのオールドローズ用のガクのでき上がり。
＊p.85を参照して組み立てる。

◣ トゲ
Thorn / Épine ‹ p.10

- p.10の作品に使用した紙のサイズ：2.5cm×2.5cmを対角線で1/2に切った直角二等辺三角形
- p.10の作品に使用した紙：タント

＊大きめの紙で折れるようになってから写実的な大きさで折ることをおすすめします。

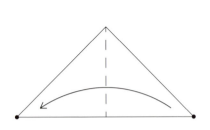

① 裏を上にして図の向きに置き、たて中心で半分に折る。

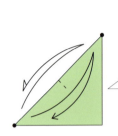
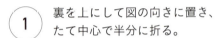

② 上の1枚だけをめくり、図の位置に目印の折り線をつけて戻す。反対側も同様にする。

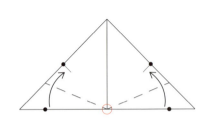

③ 裏を上にして全体を開き、下の辺を2でつけた目印に向かって折る。左右同様にする。

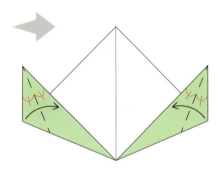

④ 3で折り上げた部分の先端を半分に折る。左右同様にする。

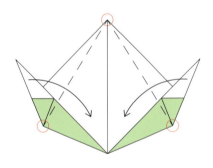

⑤ 上の頂点と下の角を結ぶ線で折る。左右同様にする。

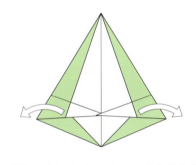

⑥ 折ったところ。一度全体を開く。

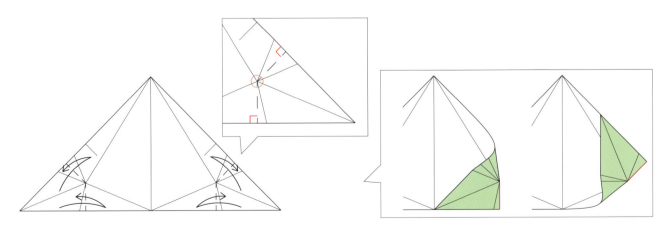

⑦ 各辺に垂直な折り線をつける。

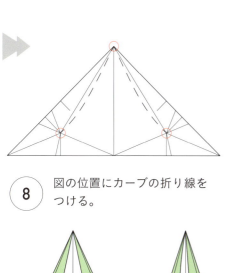

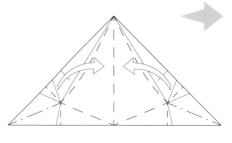

⑧ 図の位置にカーブの折り線をつける。

⑧'

⑨ 図の折り線で折りたたむ。

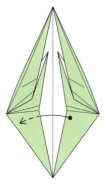

⑩ 組み立てる。
＊組むときに多少ずれるが、紙が小さいので無視できる。

⑩'-1

⑩'-2

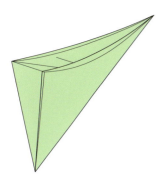

⑪ でき上がり。

⑫ カーブをつけた側を下にして茎にのりづけする。

● きれいに折るためのコツ

〈折り目はきちんとつける〉
頂点や角など、合わせるポイントをきちんと合わせ、爪でしっかりと折り目をつけましょう。

〈前の図や先の図を見る〉
次の図を見ると、折ったらどんな形になるかがわかります。また、わからなくなったときは、
少し前の図まで戻って折り直ししてみましょう。

〈大きめの折り紙用紙で何度も練習する〉
特にバラは、一度で折り方をマスターするのは難しいです。
表裏のある大きな紙で、何度もくり返し折ってみてください。
一度コツがわかると、どんどん折れるようになります。

● 花とパーツの組み合わせ一覧表

各作り方ページには、見本作品に使った紙の大きさや紙の種類を表記していますが、
ぜひいろいろな大きさや種類の紙で折ってみてください。
下の表は、対応するパーツと、写実的に作る場合の紙の大きさの目安をまとめたものです。
違う大きさで作る場合は、組み合わせるパーツも同じ比率で決めるといいでしょう。
花とガクなど、組み立てるパーツはなるべく正確な大きさの比率で作る必要がありますが、
葉などはいくつか大きさを変えて組み合わせるのがおすすめです。バラの3枚葉や5枚葉を作る場合は、
真ん中の葉を大きめにするとバランスがよく本物のように仕上がります。

＊1＝用意する正方形の1辺の長さ

花（つぼみ）	＊1	ガク	＊1	葉	＊1	茎	その他	＊1
四角のシンプルローズ	17.5cm	四角バラのガク	10.5cm	なし		なし	なし	
四角バラ	25cm	四角バラのガク	15cm	なし		なし	なし	
四角のつぼみ	25cm	四角のつぼみのガク	20cm	なし		なし	なし	
バラのつぼみ	21cm	つぼみのガク	17cm	細い葉（大）	17.5cm（1/4）	ワイヤー	トゲ	2.5cm
咲きかけのバラ	25cm	つぼみのガク	20cm	細い葉（中）	15cm（1/4）	ワイヤー	トゲ	2.5cm
剣弁高芯咲きのバラ	35cm	短いガク	17.5cm	細い葉（中）	15cm（1/4）	ワイヤー	トゲ	2.5cm
ロゼット咲きのオールドローズ	35cm	短いガク	15cm	細い葉（中）	15cm（1/4）	ワイヤー	トゲ	2.5cm
桔梗	17.5cm	桔梗のガク	10cm	細い葉（中）	15cm（1/4）	ワイヤー	なし	
桔梗のつぼみ	7.5cm	桔梗のガク	10cm	細い葉（小）	7.5cm（1/2）	ワイヤー	なし	
桜の花弁	7.5cm	桜の花芯	15cm	なし		なし	なし	
プルメリア	15cm	なし		なし		なし	なし	
ブーゲンビリア	15cm	なし		ブーゲンビリアの葉	7.5cm	ワイヤー	ペップ	

● ロゼット咲きのオールドローズ
Old rose "Rosette" / Rose ancienne "Rosette" ‹ p.11

- p.11の作品に使用した紙のサイズ：35cm×35cmまたは30cm×30cmまたは25cm×25cmから切り出した正五角形（切り出し方はp.46）
- p.11の作品に使用した紙：タント
- 折り方のポイント：1-36で必要な折り目を仕込み、仕込んだ折り目を使って37-76で花の形に成形する。

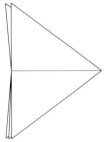

① 裏を外側にして風船の基本形 (p.22) に折り、図の向きに置く。

② ひだを1枚めくり、下の頂点を中心線に合わせて平行に折り線をつける。

③ 上下のひだを1枚ずつ反対側へめくる。

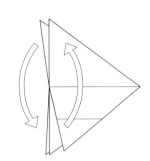

④ 2〜3をくり返してすべてのひだを同様に折る。

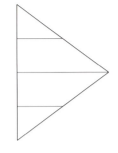

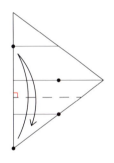

⑤ ひだを1枚めくり、下の頂点を2〜4でつけた折り線に合わせて平行に折り線をつける。

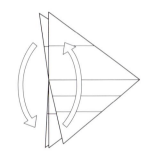

⑥ 上下のひだを1枚ずつ反対側へめくる。

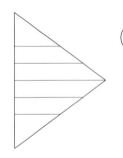

⑦ 5〜6をくり返してすべてのひだを同様に折る。

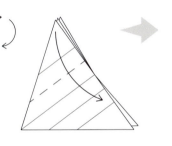

⑧ 向きを変えて置く。5の折り線でひだを1枚だけ折る。

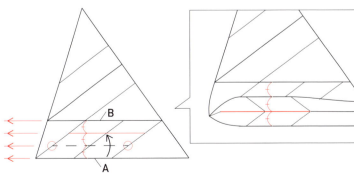

⑨ Aの線がBの線と平行になるように、A-B間の下から1/3の位置で折り、指定の範囲にだけ折り線をつける。

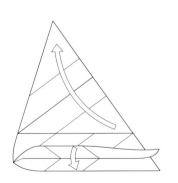

⑩ 8〜9で折った部分を元に戻す。

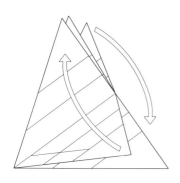
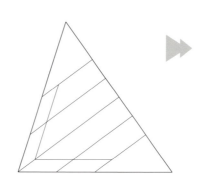
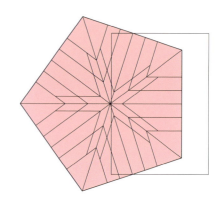

⑪ ひだを上下１枚ずつ反対側にめくる。

⑫ 8〜11をくり返してすべてのひだに折り線をつける。

⑬ 表を上にして全体を広げる。

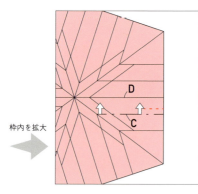
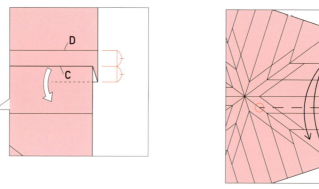

⑭ 図のようにCの線をつまんで少しDの線の方に寄せ、C-D間の下から1/3の位置に折り線をつけて目印にする。

⑮ 14でつけた目印で折り、紙端から垂直に指定の範囲にしっかりと折り線をつける。
POINT この折り線を「らせんの線」と呼ぶ。

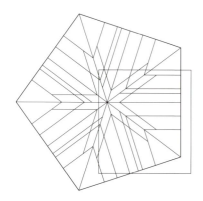
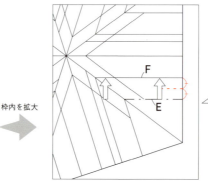
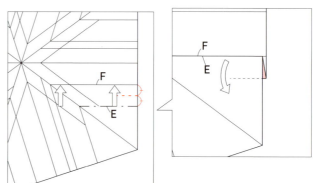

⑯ 他4か所も14〜15と同様に折り、裏返す。

⑰ 図のようにEの線をつまんでFの線と重なるように寄せ、E-F間の1/2の位置に折り線をつけて目印にする。

Old rose "Rosette" / Rose ancienne "Rosette"

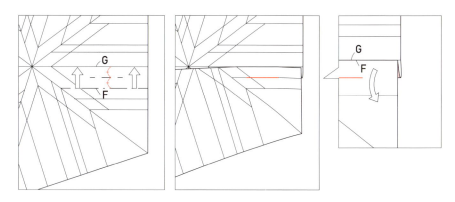

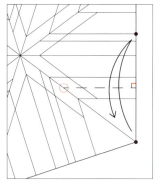

18　17でつけた目印で折り、紙端から垂直に指定の範囲にしっかりと折り線をつける。他4か所も同様にする。

19　図のようにFの線をつまんでGの線と重なるように寄せ、F-G間の1/2の位置に図の位置にだけ折り線をつけておく（**27**で目印になる）。

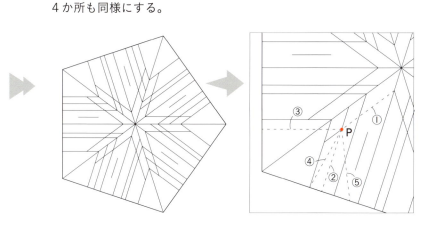

20　他4か所も同様にし、全体を広げて裏を上にして置く。

POINT　図の①〜⑤の折り線は次の**21**〜**26**で順番に折っていく。この時点ではまだ折らない。

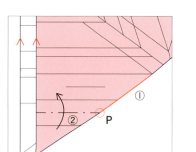

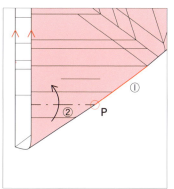

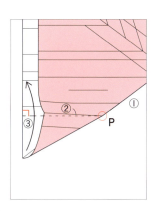

21　まず①の線で谷折りして紙を折り上げる。

22　紙の端同士が平行に並ぶ。以後、これがずれないように注意する。次に②の線で山折りしながら、②の線と①の線の交点（P）を確認する。

23　Pから左の辺（紙端）に向かって垂直に折る（③）。

‹ 73 ›

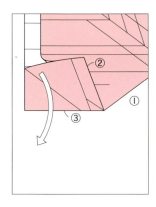

24 ①〜③の線で折ったところ。②③の線を一度開く。

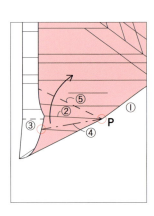

25 ①の線で折ったまま、②の線を④の線に折り直しながら、再び③の線で折る。①→④→③の順に折り、平らにつぶすと、成り行きで⑤の線が自然に折れる。

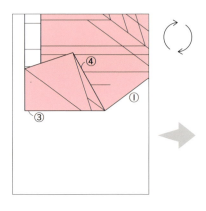

26 ①③④の線で平らに折ったところ。紙の下で⑤の線が折れている。

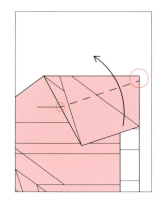

27 上下逆向きに置き直す。19でつけた目印と右上の角の少し下を結ぶ線で、上の1枚だけを谷折りする。

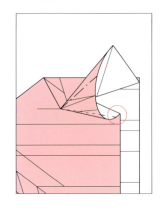

28 27を折りながら、27の折り線の左端から右下の角の少し下を結ぶ線で開いて平らにつぶす。

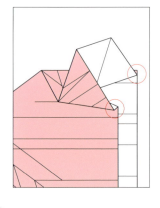

29 折ったところ。21〜28で折った、この部分が後に花弁になる。
POINT 2か所に遊びを残す。

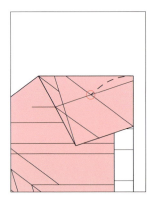

30 一度27の状態に戻し、図の位置にカーブの折り線を入れ（69で花弁を形作るときのガイドとなる）、再び29の状態に戻しておく。

Old rose "Rosette" / Rose ancienne "Rosette"

30'-1 カーブを折ったところ。

30'-2 27で遊びを残しておいた紙端の角が少し立体的に立ち上がり、三角の傘のようになる。

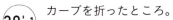

31 図の位置で折る。

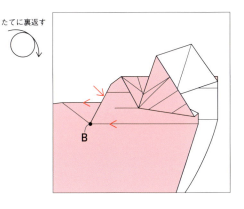

32 31の折り線で折ったまま、Bを支点にして左側を手前にめくり、図の2線が平行になる位置で、矢印の位置をつまむようにして折る。

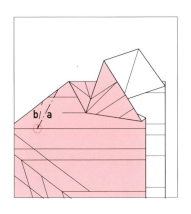

POINT 31〜32を折って広げると、このように折り線がついている（a＝31で折った線、b＝32で折った線）。

31'

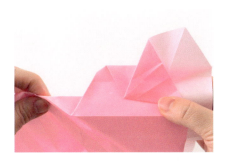

32'

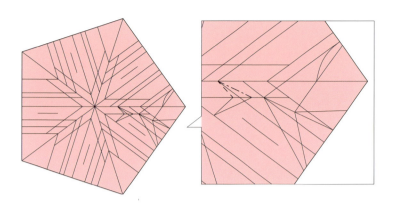
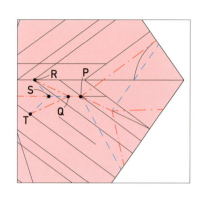

33 表を上にして全体を広げる。31〜32でできた折り線の上側部分は図のように山折りと谷折りを逆につけ直す。

34 31〜33で折った部分（図の左側）を中割り折りし、図の右側の花弁部分ももう一度折り線通り（29の状態）に折る。

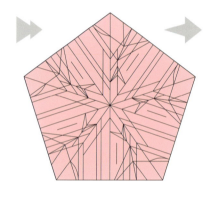

POINT 1 34の折り線で折ると、自然とSがへこむ。RをTの方に押すようにしながらRとTをぴったり重ねる（中割り折り）。

POINT 2 重ねた状態で改めて折りぐせをつけておく。

35 全体を一度開き、他の角4か所も21〜34と同様にする。すべて折ったら、表を上にして全体を一度開く。

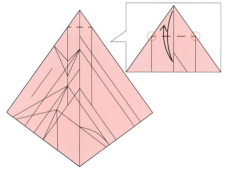

36 表を外側にして花の基本形（p.22）に折る。ここで、図の位置でしっかりと折り線をつける。この線を使って37〜40で沈め折り（p.23）をする。

37 表を上にして広げて、36で折った折り線をすべて山折りに折り直す。

38 5か所を山折りにしたところ。

Old rose "Rosette" / Rose ancienne "Rosette"

39 36〜38でつけた折り線で沈め折りをする。

40-1 沈め折りしたところ。

40-2 裏から見たところ。

41 沈め折りをしたまま、ここでもう一度34の折り線で折り直す（中割り折りと花弁部分を折る）。

42 すべてのひだを同様に折る。この後、15の「らせんの線」で裏から見て山折りに折りながら筒状にまとめていく。

43 まず、中心を寄せてまとめる。

44 少しずつ、「らせんの線」で中心までずれないように整えていき、左回りにタービンのように筒状にまとめる。

45 筒状にまとめたところ。

46 上の部分は、紙が一直線にならないことを確認する。

47　花弁部分を一度広げる。

48　1枚を軽く上に折り上げる。最初の1枚は少ししか上がらなくてOK。

49　2枚めは紙の上のラインの延長線上に下の角がくる位置で折る。折ったら一度元に戻す。

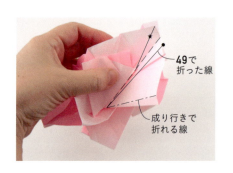

50　49で折った線を角から出ている線に合わせるようにして内側の1枚だけを折り直す（●を★に合わせる）。このとき成り行きで左側の折り目がずれる。

51　折ったところ。49と比べると図の2か所がずれていることを確認する。

52　他の花弁も同様に折り、最初の1枚も同様に折り直す。このとき49〜51で折った2枚めの花弁を一度広げて、

53　親指でぐっと押し込んで形よくまとめる。

54-1　すべての花弁が折り上がったところ。

54-2　横から見たところ。

Old rose "Rosette" / Rose ancienne "Rosette"

54-3 下から見たところ。

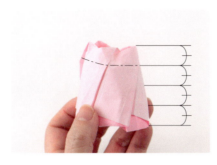

55 底を上にして持ち直し、全体の高さの写真上から1/4くらいの位置のところで底を折り込んでいく。

56 1枚ずつ折りぐせをつけたら戻し、これをくり返して一周する。

57 5枚すべてに折りぐせをつけたら、底が平らになるように5枚を一気に押し込む。

58 41で中割り折りした花弁の内側に丸箸の先を入れ、内側に倒すようにして中割り折りを広げる。

59 すべての中割り折り部分の内側の折り山を内側に倒し、中割り折りを広げたところ。

60 36〜40で沈め折りした中心部分に丸箸の先を入れ、広げる。5か所同様にする。

61 花弁の一番外側の折り山にそっと親指を入れ、

62 そのままぐっと一番奥まで差し込んで花弁を広げる。

63 5枚すべてを広げたところ。

64 29で遊びを残しておいた一番外側の花弁を、紙が破れないように注意しながら、遊びをなくすように角をずらして、外向きに固定する。

65 花弁が外向きに倒れて固定されたところ。

66 一番外側の折り山（65の●）を中割り折りする。

67 中割り折りしたところ。

68 他4か所も64〜67と同様にする。

69 花弁を一度開き、30でくせづけしておいたカーブの線で折る。多少ずれてもOK。

69'-1

69'-2

Old rose "Rosette" / Rose ancienne "Rosette"

70 カーブで折ったところ。紙端が立体的に立ち上がり、三角の傘のようになる。

71 他4か所も69〜70と同様にカーブで折る。

72 66〜67で中割り折りした内側の花弁を少し内向きに、外側の花弁を少し外向きに、それぞれカールさせる。

73 カールさせたところ。他4か所も同様にする。

74 64〜65で外向きにした一番外側の花弁の角2か所を少し裏に折って、丸く形作る

75 折ったところ。他4枚の花弁も同様にする。

76-1 でき上がり。

76-2 裏から見たところ。

◣ 細い葉

Leaf / Feuille ‹ p.10,11,12

- 写実的に作る場合の紙のサイズ：17.5cm×17.5cmを対角線2本で1/4に切った直角二等辺三角形（大）、
  15cm×15cmを対角線2本で1/4に切った直角二等辺三角形（中）、
  7.5cm×7.5cmを対角線で1/2に切った直角二等辺三角形（小）
- p.10,11,12の作品に使用した紙：タント

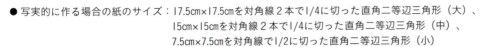

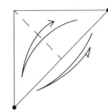
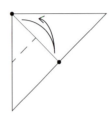
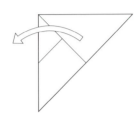

① 図の向きに置き、たて中心で半分に折る。

② 上の1枚だけをめくり、図のように折り線をつけて戻す。反対側も同様にする。

③ 図のように折り線をつけて戻す。

④ 紙を開く。

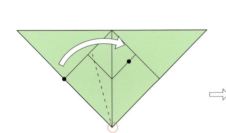
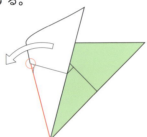
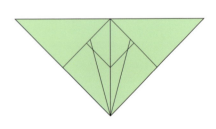

⑤ 図の位置を合わせて折り線をつけて戻す。

⑥ 右側も同様に折り線をつける。

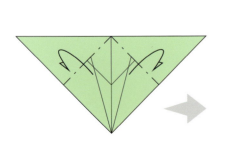
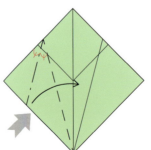
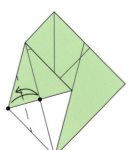
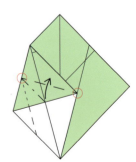

⑦ 2でつけた折り線で折る。

⑧ かえるの基本形（p.23）の最初の要領で左側を開いて平らに折る。

⑨ 図の位置に折り線をつけて戻す。

⑩ 図の位置で開いて折る。

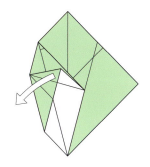

⑪ 10で折った位置を広げて戻す。

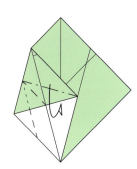

⑫ 10の折り線を逆に折り直して内側に折る。

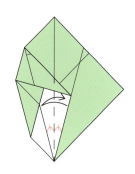

⑬ 図の位置に折り線をつけて戻す。

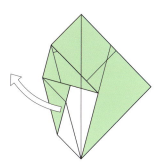

⑭ 左側を一度開く。

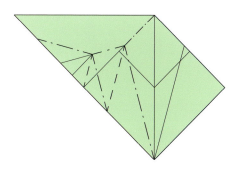

⑮ 図の折り線で折り直す。

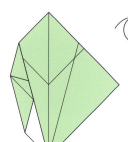

⑯ 折ったところ。

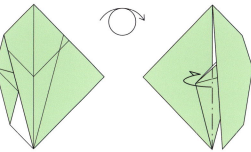

⑰ 裏返し、13の折り線で紙の間に折り入れる。

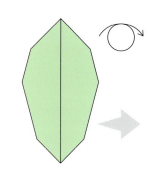

⑱ 反対側も8〜17と同様に折る。

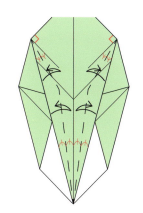

⑲ 裏返して置き直し、上部・下部それぞれ左右ともに二等分の折り線をつける。

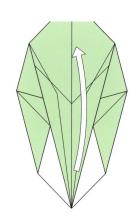

⑳ 下部をめくる。
POINT この下部が後に葉柄（茎につける部分）になる。

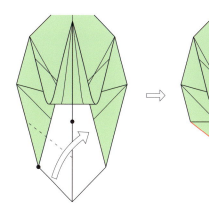

㉑ 下の左側をめくって図の位置で折る。

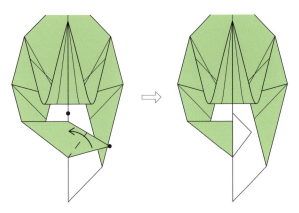
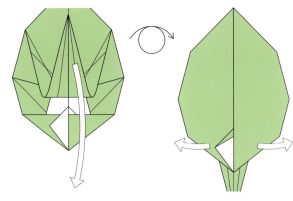

㉒ 21で折り上げた先端部分を中心線に合わせて折る。

㉓ 右側も同様に折り、20でめくった部分を戻す。

㉔-1 表に返して置き、左右に開いて

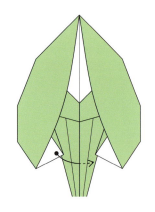
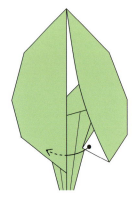
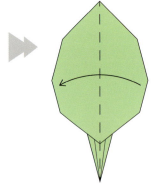

㉔-2 左の先端を右の葉柄の紙の間に入れる。

㉔-3 右の先端を左の葉の紙の間に入れる。

㉕ 中心線で半分に折る。

㉖ 左右それぞれ図の折り線をつける。図の下部は上部の成り行きで葉の紙のみ折る。

※下部は成り行きで葉柄部分を避けて折る

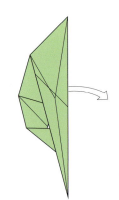
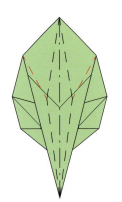
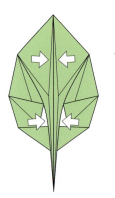

㉗ 25で折った部分を開き、裏を上にして置く。

㉘ 19と26の折り線で中心部をつまむようにして折る。
＊赤線部分は裏の紙だけを折る。

㉙ でき上がり。
＊p.85を参照して組み立てる。

バラの組み立て方

写真はロゼット咲きのオールドローズと短いガク、細い葉ですが、組み立て方は他のバラや葉も共通です。

① ガクの中心にワイヤーを通す。

② 上部のワイヤーを曲げる。

③ ガクに穴をあけておき、ガクをはさむようにワイヤーを通す。

④ ガクのジョイント部分を花の下から入れ、バランスを見てのりづけする。

⑤ 折り曲げたワイヤーが飛び出ないように注意して、ガクの根本からフローラルテープで巻く。

⑥ 葉の根本の中心に目打ちで穴をあける。

⑦ 6の穴にワイヤーを通し、裏側を葉柄より長めに曲げる。

⑧ 7の裏側のワイヤーを葉柄に3〜5回巻きつけ、表側のワイヤーに沿わせてなじませる。

⑨ ワイヤーを隠すようにフローラルテープを巻く。
＊3枚葉や5枚葉を作る場合は、同様に3枚または5枚作り、束ねてフローラルテープを巻く。

⑩ 5で花とガクをつけたワイヤーに9の葉をつけたワイヤーを沿わせ、フローラルテープで巻いて一体化させる。

⑪ 好きな長さでカットする。

桔梗

Balloon flower / Campanule ‹ p.12

- p.12の作品に使用した紙のサイズ：17.5cm×17.5cmから切り出した正五角形（切り出し方はp.46）
- p.12の作品に使用した紙：和紙

＊ガクをつける場合は、10cm×10cmから切り出した正五角形で桔梗のガク（p.90）を折って使う。

① 裏を外側にして風船の基本形（p.22）に折り、図のように折り線をつける。

② 左右のひだを1枚ずつ反対側にめくる。

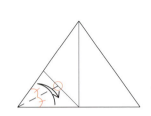

③ 上の1枚だけをめくり、左側の角の指定の範囲に折り線をつける。

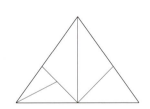

④ 1〜3をくり返してすべてのひだを同様に折る。

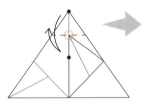

⑤ 右側のひだを中心線に合わせて折り、頂点が中心線と重なる位置で先端部分を折って折り線をつける。

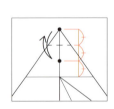

⑥ 5でできた三角形の、上から1/3の位置で折り線をつける。

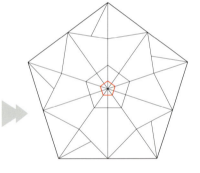

⑦ 裏を上にして全体を一度開く。
＊赤線は沈め折り（p.23）の山折り線。

⑧ 6の折り線（7の赤線）をすべて山折りで折り直し、沈め折りをする。

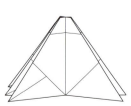

⑨ 沈め折りをしてたたんだところ。

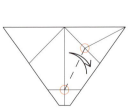

⑩ 上下逆向きに置き直し、指定の範囲に折り線をつける。ひだを1枚ずつ反対側にめくり、すべてのひだに同様に折り線をつける。

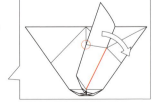

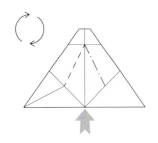

(11) 折ったところ。上下逆向きに置き直す。図のように折り線がついていることを確認する。

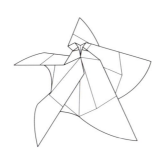

(12) ピラミッド状に立て、それぞれのひだを10の折り線で折りながら、中心を左回りにひねるようにする。

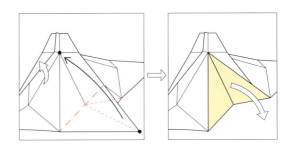

(13) 図の赤線をすべて谷折りにし、それぞれのひだを折り上げる。折ったら一度元に戻す。
POINT この部分が花弁になる。ひだの重なった部分を押さえながら折ると折りやすい。

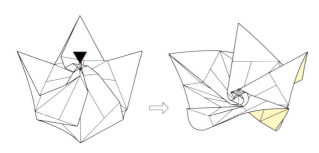

(14) すべてのひだを折ったところ。中心部を押し込んで全体をへこませる（外周りが立ち上がる）。

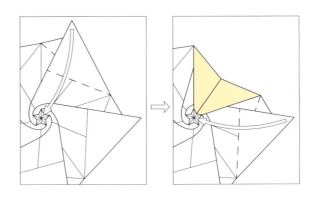

(15) 13で折ったひだの先を図の位置に差し込む。すべてのひだを右回りに順番に差し込む。
POINT 隣の花弁に寄せるようにするときれいに差し込める。

桔梗の花とガクの組み立て方

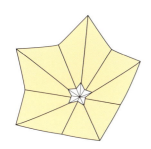

(16) でき上がり。好みで花弁の先を外向きにカールさせてもOK。

(1) ガク（p.90）の内側にのりをつける。

(2) 花をのせて接着する。

⬟ 桔梗のつぼみ
Bud / Bouton < p.12

- p.12の作品に使用した紙のサイズ：7.5cm×7.5cmから切り出した正五角形（切り出し方はp.46）
- p.12の作品に使用した紙：タント

＊ガクをつける場合は、10cm×10cmから切り出した正五角形で桔梗のガク（p.90）を折って使う。

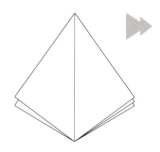

① 裏を外側にして花の基本形（p.22）に折る。

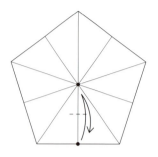

② 全体を広げる。下の辺を中心に合わせて折り、目印の折り線をつける。

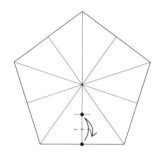

③ さらに下の辺を2でつけた折り線に合わせて同様に折り線をつける。

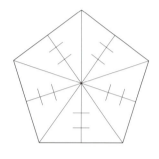

④ 他4か所も2～3と同様に折り線をつける。

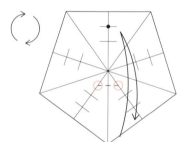

⑤ 下の頂点を3でつけた折り線に合わせて折り、中心部だけに折り線をつける。

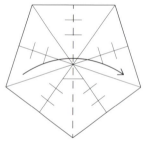

⑥ たて中心で半分に折る。

⑦ 図の位置で指定の範囲にだけ折り線をつける（すべて折らない）。5～7をくり返し、他も同様に折る。

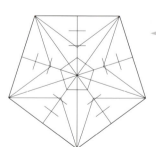

⑧ 一度全体を広げる。

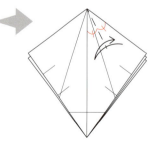

⑨ 裏を外側にして花の基本形に折り、中心側を下にして置く。図のように折り線をつける。

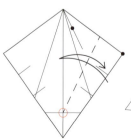

⑩ 右側のひだの頂点が9で折った折り線と重なる位置で図のように折り線をつける。ひだを1枚ずつ反対側にめくり、他も同様に折る。

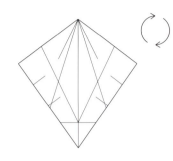
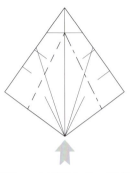
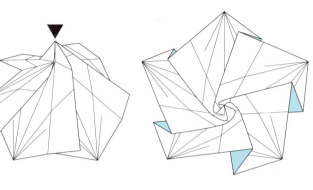

11 すべて折ったところ。

12 上下逆向きに置き直す。図のように折り線がついていることを確認する。

13 10の折り線で折りながら中心を左回りにひねるようにして全体を開く。

14 中心部を押し込んで全体をへこませる（外周りが立ち上がる）。

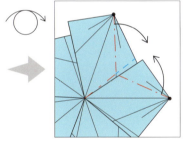
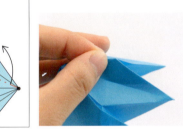
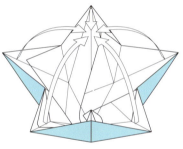

15 表に返す。2つの頂点を寄せながら、重なった部分もまとめて図のように折る（この部分がつぼみの根本になる）。

16 折ったところ。他4か所も同様に折る。

17 全部折ったら各頂点を中心に集めるようにまとめる。

桔梗のつぼみとガクの組み立て方

18 でき上がり。組み立てる前につぼみの根本側をのりづけしてもOK。

1 つぼみの根本部分にのりを少量つける。

2 ガク（p.90）の中心につぼみの根本を差し込み、固定する。

● 桔梗のガク
Calix E / Calice E ‹ p.12

- p.12の作品に使用した紙のサイズ：10cm×10cmから切り出した正五角形（切り出し方はp.46）
- p.12の作品に使用した紙：タント

＊桔梗（p.86）、桔梗のつぼみ（p.88）と組み合わせる。

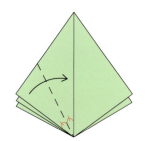
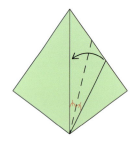
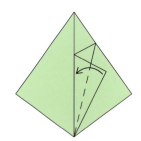
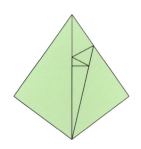

① 花の基本形（p.22）に折り、左側のひだを中心線に合わせて折る。

② 1で折ったひだを反対側にめくり、さらに中心に合わせて折る。

③ ひだを一度引き出し、図の位置を谷折りで折り直す。

④ 折ったところ。他のひだも1～3と同様に折る。

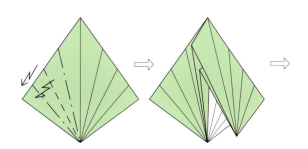

⑤ 各ひだを開き、1～4でつけた折り線を図のように山折り・谷折りで折り直して二重中割り折りをする。5か所すべて同様に折る。

⑥ 中心側を下にして置く。ひだを1枚手前に倒す。

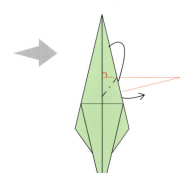
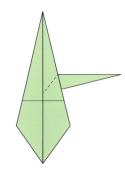
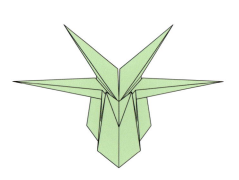

⑦ 上部のひだを図のように折り、中割り折りをする。

⑧ 6で手前に倒したひだを戻す。6～7をくり返して他のひだも同様に折る。

⑨ でき上がり。
＊図は斜め上から見たところ。

■ 桜の花弁

Petal / Pétale ‹ p.13

- p.13の作品に使用した紙のサイズ：7.5cm×7.5cmの正方形
- p.13の作品に使用した紙：タント

* 同じものを5枚作り、桜の花芯（p.94）と組み合わせる。（花弁1枚と花芯の用意する正方形の1辺の長さの比率は1：2）

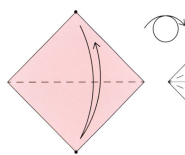

① 対角線で半分に折り線をつける。

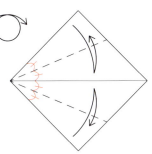

② 両側の2辺を1の中心線に合わせて折り線をつける。

③ 図のように紙端にだけ目印の折り線をつける。

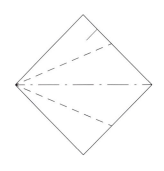

④ 1〜2でつけた折り線で折りたたむ。

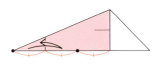

⑤ 左から1/3の位置で折り線をつける。

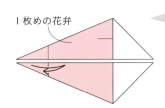

POINT 他の4枚の花弁も1〜4と同様に折り、1枚めを目安にして5の折り線の位置をそろえる（花弁の全長をそろえるため）。

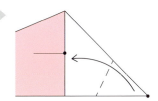

⑥ 3でつけた目印に角の頂点を合わせて折る。

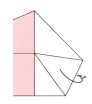

⑦ 6で折ったひだを反対側に山折りする。

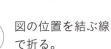

⑧ 図の位置を結ぶ線で折る。

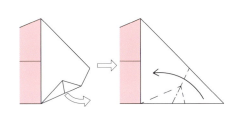

⑨ 7〜8で折った部分を一度開いて、図のように中割り折りする（2枚重なったまま折る）。

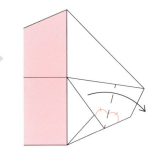

⑩ 図のようにひだを折る。

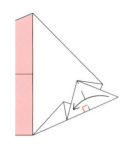

11 さらに図のようにひだを折る。

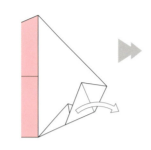

12 6〜11で折ったひだを一度広げる。

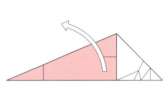

13 図の部分を開く。

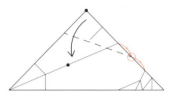

14 図の位置で折る。

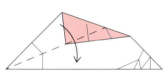

15 14で折った部分も一緒に2の折り線で谷折りする。反対側も13〜15と同様に折る。

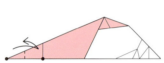

16 頂点を5の折り線に合わせて折り線をつける。

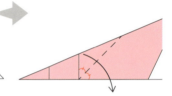

17 図のように45度で折る。

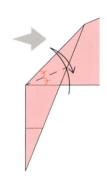

18 さらに角の二等分線で折り線をつける。

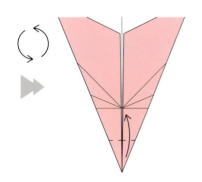

19 16〜18で折ったところを一度広げ、16の折り線で谷折りをする。

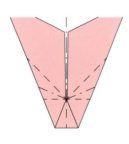

20 さらに図のように山折り・谷折りで折りたたむ。

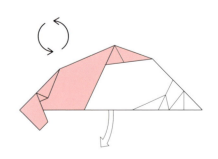

21 折ったところ。両側を開く。

Petal / Pétale

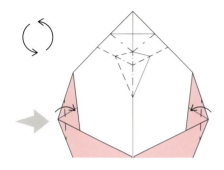

22 6〜10でつけた折り線を図の通りに折り直す。左右の角を内側に折り、面取りする。
POINT 表側がへこむ。

23-1 11の線で谷折りをする。

23-2 折ったところ。
POINT 22〜23で折った部分をのりづけすると花弁の先の裏側が平らになり、より美しく仕上がる。

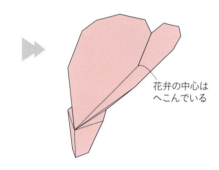

花弁の中心はへこんでいる

24 でき上がり。
＊同じものを5枚作る。

桜の花弁と花芯の組み立て方

1 花芯の下部の隙間をつまようじで軽く広げる。

2 花弁を差し込む。

3 上から見たところ。他の4枚も同様にして組み立てる。

● 桜の花芯
Calix F / Calice F ‹ p.13

- p.13の作品に使用した紙のサイズ：15cm×15cmから切り出した正五角形（切り出し方はp.46）
- p.13の作品に使用した紙：タント

＊桜の花弁（p.91）と組み合わせる。

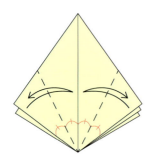

① 花の基本形（p.22）から鶴の基本形（p.23）の要領で折る。

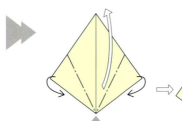

② このとき、上部は折り線をつけずにめくって左右を折り、上の角を下ろす。

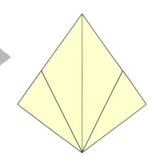

③ 他も1〜2と同様に折る。

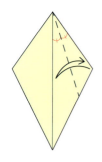

④ 図のように折り線をつけておく。

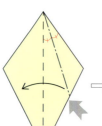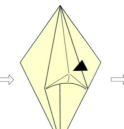

⑤ かえるの基本形（p.23）の最初の要領で、図の折り線で開きながら角を平らにつぶす。

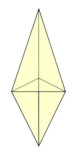

⑥ 他も4〜5と同様に折る。

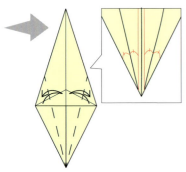

⑦ 紙の厚み分遊びを残して、図の位置に折り線をつける。すべてのひだを同様に折る。

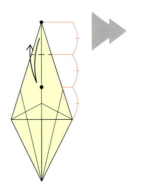

⑧ 図の位置にしっかりと折り線をつける。

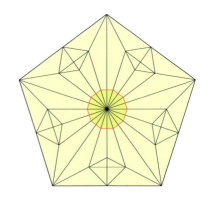

⑨ 全体を一度開く。
＊赤線は沈め折り（p.23）の山折り線。

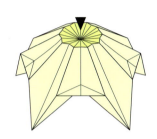

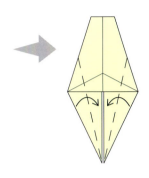

⑩ 8でつけた折り線（9の赤線）をすべて山折りで折り直し、沈め折りをする。

⑩'

⑪ 沈め折りしたところ。すべてのひだを7の線で折る。

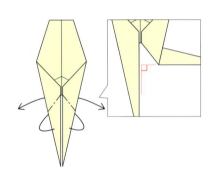

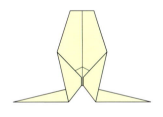

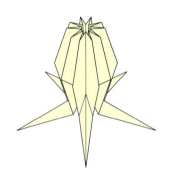

⑫ 下部を中割り折りする。

⑬ 他のひだも同様に折る。

⑭ でき上がり。

プルメリア

Plumeria / Frangipanier ‹ p.14

- p.14の作品に使用した紙のサイズ：15cm×15cmから切り出した正五角形（切り出し方はp.46）
- p.14の作品に使用した紙：タント

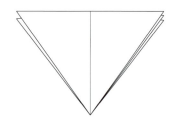

① 裏を外側にして風船の基本形（p.22）に折り、図の向きに置く。

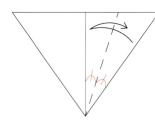

② 右側のひだを中心線に合わせて折り、折り線をつける。

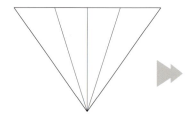

③ 他のひだも同様に折り線をつける。

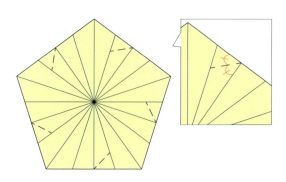

④ 表を上にして全体を広げ、図の5か所に折り線をつける。

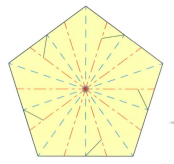

⑤ 2～3でつけた折り線を図のように山折り・谷折りで折り直す。

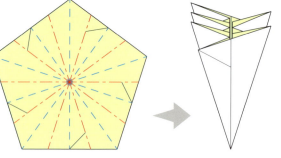

⑥ たたんだところ。

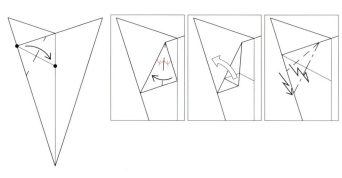

⑦ 左側のひだ（短い方）を図のように折り、一度開いて二重中割り折り（p.21）をする。

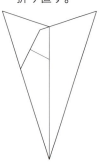

⑧ 他5か所のひだ（短い方）も7と同様に折る。

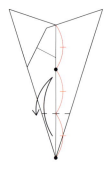

⑨ 中心線の下から1/3の位置で折り上げ、しっかと折り線をつける。

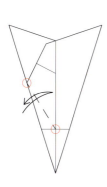

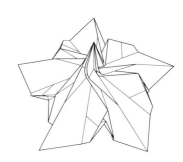

⑩ 図のように折り線をつける。
＊1枚ずつめくり、長い方のひだは短い方のひだを目安にしてすべてのひだに同様に折り線をつける。

⑪ 上下逆向きに置き直す。図のように折り線がついていることを確認する。

⑫ 右回りに中心をひねるようにして全体を開く。
POINT 9の折り線をしっかり折るときれいに開ける。

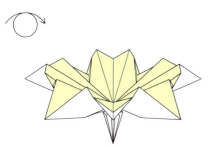
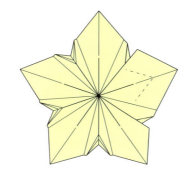

⑬ 上向きに置き直し、横から見たところ。

⑭ 内側を押さえながら、各花弁の先を表側がふくらむように外向きにカーブさせる。

⑭'

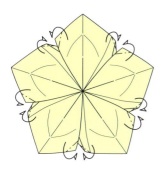

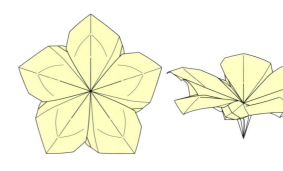

⑮ すべて折ったところ。花弁の角を面取りし、形を整える。

⑮'

⑯ でき上がり。
＊各花弁の先は好みで面取りしてもOK。

▲ 正三角形の切り出し方

正方形の紙から正三角形を切り出す方法です。

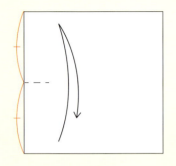

① 横中心で半分に折り、左側だけに折り線をつける。

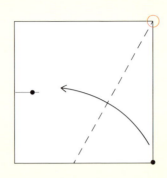

② 右上の頂点を支点にして右下の頂点を1でつけた折り線に合わせて折る。

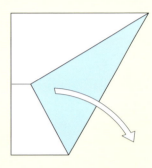

③ 折り線をつけて戻す。

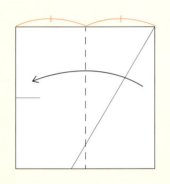

④ たて中心で半分に折る。

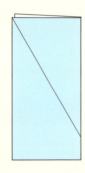

⑤ 折ったところ。

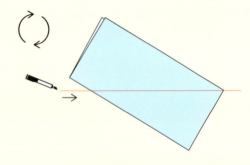

⑥ 紙を回転させ、2〜3でつけた線上を、折り目側からカッターで切る（＊紙の角から切ると破けることがあるため）。

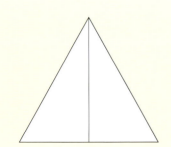

⑦ 広げると正三角形が切れている。

▲ ブーゲンビリア
Bougainvillea / Bougainvillier ‹ p.15

- p.15の作品に使用した紙のサイズ：15cm×15cmから切り出した正三角形（切り出し方はp.98）
- p.15の作品に使用した紙：タント

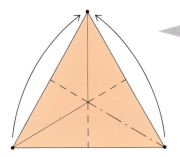

① 裏を外側にして花の基本形（p.22）の要領で図のように頂点を集めるようにたたむ。

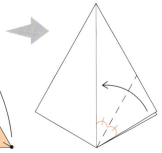

② 中心側を下にして置き、右側のひだを中心線に合わせて折る。

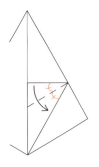

③ 2をさらに角の二等分線で折る。

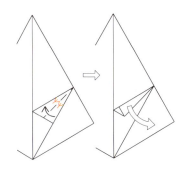

④ 3をさらに角の二等分線で折り、ひだを開いて元に戻す。他のひだも2〜4と同様にする。

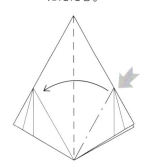

⑤ 図の位置でひだを1枚開いて平らに折る。

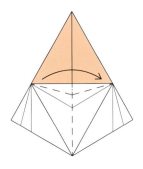

⑥ 4の折り線で谷折りしながらひだを右にめくる。

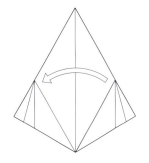

⑦ 再びひだを左側にめくって一度元に戻す。

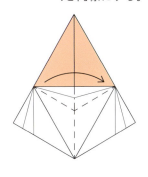

⑧ 今度は3の折り線で谷折りしながら右にめくる。

⑨ 他のひだも5〜8と同様にする。ひだを1枚左側にめくる。

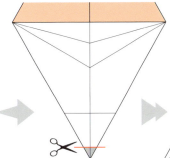

⑩ 左右のひだが同数になるように置く。図のように折り線をつける。

⑪ ペップをつける場合はここで先端部分を2mmほどカットして穴をあける。

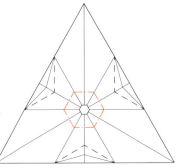

⑫ 全体を一度開き、10の折り線をすべて山折りにする。8の折り線も再度くせづけしておく。

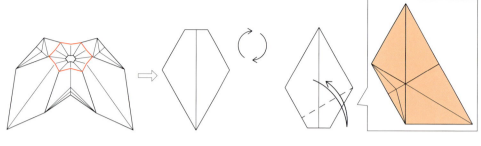

13 沈め折り（p.23）をする。

14 ひだを1枚右手前に倒して折り線をつける。
POINT 中割り折りが8の折り目でいっぱいに広がるところで折り線をつける。

15 一度戻し、反対側は左手前に倒すようにして同様に折り線をつける。

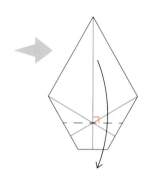
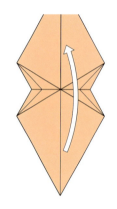
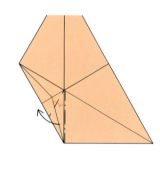

16 ひだを1枚垂直に手前に倒す。
POINT 裏側で中心の折り線が一直線になるように折る。

17 16を折ったら戻す。

18 14の状態に戻し、16の折り線を谷折りに折り直し、中割り折りする。反対側も同様にする。

19 折ったところ。他2か所も14〜18と同様に折り、ひだを元に戻す。

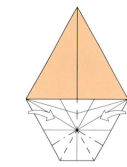
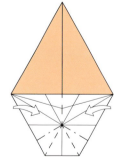
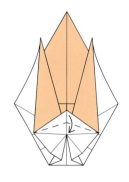
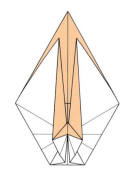

20 すべて折り線をつけたところ。ひだを1枚めくる。

21 図のように山折り・谷折りで折る。

22 4の折り線で谷折りをする。

23 折ったところ。他2か所も20〜22と同様に折る。

Bougainvillea / Bougainvillier

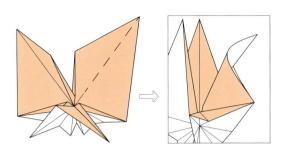

㉔ 花弁は中心の少し手前まで谷折りをして花弁の先を外向きに広げる。他も同様に折る。

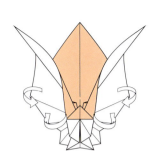

㉕ 各花弁の角を内向きにカールさせる。＊図は真横から見たところ。

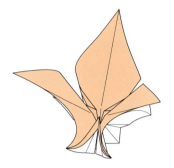

㉖ でき上がり。

ブーゲンビリアの花の組み立て方

① ペップを3本用意し、茎用のワイヤーの先に細めのワイヤーで巻きつける。

② フローラルテープで何回か巻いて固定し、ワイヤー部分より太くする（花弁に差し込んだときに抜けないように）。

③ 花弁側から差し込む。

④ 差し込んだところ。ここで花弁とワイヤーをのりづけする。

⑤ 花の根本からフローラルテープを巻く。

■ ブーゲンビリアの葉
Leaf / Feuille ‹ p.15

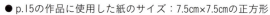

- p.15の作品に使用した紙のサイズ：7.5cm×7.5cmの正方形
- p.15の作品に使用した紙：タント

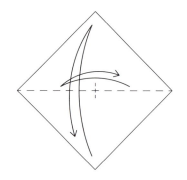

① 対角線に折り線をつける。もう一方の対角線は中心部にだけ目印の折り線をつける。

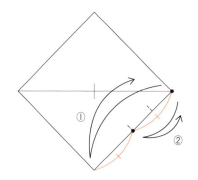

② 下の辺の1/4の位置に目印の折り線をつける。
POINT 以後、左側は葉先、右側は葉柄を形成していく。

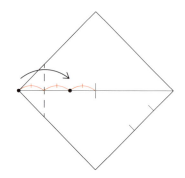

③ 図のように左は端から中心まで1/3の位置で折る。

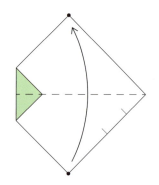

④ 対角線で折る。

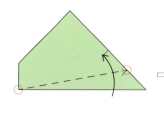

⑤ 2の目印と左下の角を結ぶ線で折り、反対側の1枚を手前に広げる。

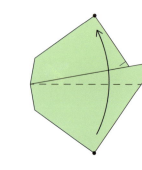

⑥ 5でつけた折り線で折り上げる。

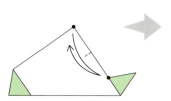

⑦ 上の1枚だけをめくって図の位置に目印の折り線をつける。

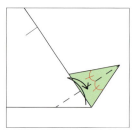

⑧ 右下の三角形部分に二等分線の折り線をつける。

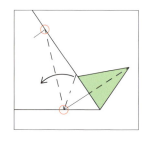

⑨ 7と8の線を結ぶ線で谷折りし、開いて平らに折る。図の山折りは成り行きで折れる。

⑩ 反対側も7〜9と同様に折り、図のように角の二等分線で折る。反対側も同様に折る。

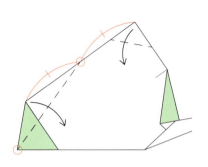
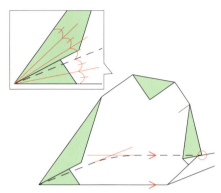
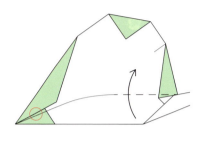

11 上の辺を二等分した位置と、下の角の頂点を結ぶ線で折る。上の角は図のように少し折って面取りをする。反対側も同様にする。

12 葉の右側は下の辺と平行に、左側の角は2/5の位置で全体を折り上げる。2つの折り線の交点は少しカーブを描くように折る（数字は折り位置の目安。目分量でOK）。

POINT ここは少しずれて折れる。

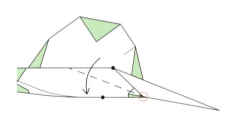

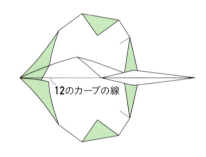

13 図のように折り返す。

14 図の位置で折り線をつけ、葉柄を開く。反対側の葉部分を広げる。

15 広げたところ。このとき、葉柄部分と葉先部分は立体的に立ち上がっている状態。

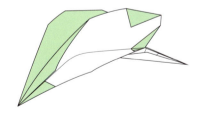

16 葉先が下向きにカーブするように整えてでき上がり。

POINT ＊葉のつけ方はp.85を参照。10の前に、葉柄になる部分を一度開いてワイヤーを通す穴をあけておくとよい。

佐藤 直幹　Naomiki Sato

1966年、鳥取県生まれ、長野県育ち。大自然の中で幼少より折り紙に親しむ。大学では経済学を専攻。素材メーカーに勤務後、言語学を学ぶために1995年に渡仏。現在はフランス在住で翻訳・通訳の仕事をしながら、折り紙とポップアップの作家としても活動中。新しい言語理論の構築がライフワーク。フランス折紙協会（MFPP）会員。著書に「1枚の紙から作る バラの折り紙」がある。

美しいバラの折り紙

発行日	2018年2月26日
著者	佐藤直幹
発行人	瀬戸信昭
編集人	今ひろ子
発行所	株式会社日本ヴォーグ社
	〒164-8705　東京都中野区弥生町5-6-11
	TEL 03-3383-0628（販売）　03-3383-0637（編集）
	出版受注センター　TEL 03-3383-0650
	FAX 03-3383-0680
	振替　00170-4-9877
印刷所	大日本印刷株式会社

Printed in Japan ©NAOMIKI SATO 2018
NV70458　ISBN978-4-529-05767-7　C5076

○印刷物のため、実際の色とは色調が異なる場合があります。
○万一、乱丁本、落丁本がありましたら、お取り替えいたします。小社販売部までご連絡ください。
○本誌に掲載する著作物の複写に関わる複製、上映、譲渡、公衆送信（送信可能化を含む）の各権利は株式会社日本ヴォーグ社が管理の委託を受けています。
○ JCOPY 〈(社)出版者著作権管理機構 委託出版物〉
本書の無断複写は著作権法上での例外を除き禁じられています。複写される場合は、そのつど事前に、(社)出版者著作権管理機構（TEL 03-3513-6969、FAX 03-3513-6979、e-mail: info@jcopy.or.jp）の許諾を得てください。

ブックデザイン　三上祥子（Vaa）
撮影　森谷則秋
動画撮影　中林真美
制作協力（p.16～19）・プロセス指導　川﨑亜子
折り図制作　わたなべゆうすけ
編集担当　有馬麻理亜・長瀬香奈子

● 素材協力
紙の温度
愛知県にある紙の専門店。webサイトや電話での通信販売も利用可。p.20で紹介したヴィヴァルディはここで「キャンソン・ヴィバルディ」として販売されている。
SHOP DATA
愛知県名古屋市熱田区神宮2-11-26
TEL 052-671-2110
www.kaminoondo.co.jp

● バラの折り紙　関連情報
「折り紙で作る薔薇」コミュニティ（＊要登録）
　http://mixi.jp/view_community.pl?id=5286785
「折り紙作品　～佐藤ローズに魅せられて～」（川﨑亜子 blog）
　https://ameblo.jp/taiannkitijitu
　川﨑亜子 Instagram　ako_kawasaki
「薔薇と折り紙の日々」（中 一隆 blog）
　http://naka-origami.cocolog-nifty.com
＊p.46の角の隙間の比率は、上記より許可を得て転載。

あなたに感謝しております　We are grateful.

手づくりの大好きなあなたが、
この本をお選びくださいましてありがとうございます。
内容はいかがでしたでしょうか？
本書が少しでもお役に立てば、こんなにうれしいことはありません。
日本ヴォーグ社では、手づくりを愛する方とのおつき合いを大切にし、ご要望にお応えする商品、サービスの実現を常に目標としています。
小社および出版物について、何かお気づきの点やご意見がございましたら、何なりとお申し出ください。
そういうあなたに、私どもは常に感謝しております。

株式会社日本ヴォーグ社 社長　瀬戸信昭
FAX 03-3383-0602

日本ヴォーグ社関連情報はこちら
（出版、通信販売、通信講座、スクール・レッスン）　手づくりタウン　検索
http://www.tezukuritown.com/